世界と僕のあいだに

タナハシ・コーツ　池田年穂【訳】

BETWEEN
THE WORLD
AND ME

TA-NEHISI COATES

慶應義塾大学出版会

ずっと信じていてくれた
デヴィッドとケニヤッタに献ぐ

ある朝　僕は　森で
突然なにかにつまずいた、
ごつごつした樫と楡の中の
草の茂った空き地で　それにつまずいた
すると　あの煤けた場面が
強引に立ちはだかった　世界と僕のあいだに……

リチャード・ライト（「世界と僕のあいだに」）

世界と僕のあいだに

I

あたしには語らないで、
殉教についてなど
死んで　教区日に
ひとびとに追想される者たちについてなど。
あたしは死を信じない
あたしもいつかは死ぬのだけれど。
そのときすみれは
あたしの思いを歌い続ける
（鳴りやまない）カスタネットのように。

ソニア・サンチェス（「マルコム」）

息子サモリへ

このあいだの日曜日のことだよ。人気ニュース番組のキャスターが僕に向かって、「僕の肉体を失う」とは何を意味しているんでしょうか、と質問してきた。彼女はワシントンＤＣから放送をしていて、僕ははるか離れたマンハッタンの西のはずれにあるスタジオに座っていた。衛星が彼女と僕とのあいだの距離を埋めていたけれど、どんな機械を使っても、彼女の世界と僕が番組にスポークスマンとして呼ばれていた世界とのあいだにある溝を埋めることはできなかった。キャスターが僕の肉体について尋ねたときに、彼女の顔はスクリーンから消え、代わりに僕がその週のうちに書いておいた文章がスクロールされた。

キャスターは僕のその文章を視聴者に向けて読み上げた。読み終えると、具体的にそう口に出したわけじゃないけど、もとの「僕の肉体を失う」というテーマに戻った。だけど僕は今では、自分たちのリクエストの性質を自覚せずにインテリが僕の肉体の状態について尋ねてくることに慣れているんだ。具体的にキャスターが知りたがったのは、なぜ白人のアメリカ――厳密には自分は白人だと信じているアメリカ人のアメリカ――の進歩が略奪と暴力の上に成り立っていると僕が感じるのか、だった。この質問を聞きながら、昔からの言うに言われぬ悲しみが自分のなかにこみ上げてくるのがわかった。この質問に対する答えは、自分は白人だと信じている者たちの来《こ》し方にある。答えは、アメリカの歴史なんだ。

　そう言ったからって、少しも極論ではないんだ。アメリカ人は民主主義を神のように崇めている。その崇め方には、自分たちはときとしてその神に公然と反抗したことがあったと漠然と気づいていても、意に介さないところがあるがね。民主主義は咎め立てをしない神であるし、アメリカにおける異端――拷問、窃盗、奴隷制――は個人のあいだでも民族間でもあまりにありふれたことなので、自分は無縁だと広言できる個人も民族もまるでない。実際、アメリカ人が本当の意味で自分たちの神を裏切ったことは一度としてないんだ。エイブラハム・リンカーンが一八六三年に、ゲティスバーグの戦いは「人民の人民による人民のための政治を地上から絶やさない」ことを確実に保証しなければならないと宣言したとき、リンカーンは高い望みを抱いているわけじゃなかった。南北戦争が始まった時点で、アメリカ合衆国の参政権の率は世界でも最高水準にあったんだよ。問題にすべきは、リンカーンが本心から「人民の政治」を意味していたかどうかではなく、この国が歴史を通じて「人民」という政治用語で実際には何を意味してきたかなんだ。一八六三年当時、それはお前のお母さんやおばあちゃんを意味してはいなかったし、お前や僕を意味してもいなかった。つまりアメリカの厄介な問題は、「人民の政治」を裏切ったことではなく、人民がどのようにして人民と呼ばれるようになったかなんだよ。

ここからもう一つの同じくらい重要な理想へと導かれる。アメリカ人が暗黙のうちに受け容れていながら、意識的には主張することのない理想だよ。アメリカ人は、定義された、疑いようのない自然界の特徴としての「人種《レイス》」というものが実在すると信じている。この状況は変わらないし、そこから「人種主義《レイシズム》」も必然的に生じてくるのさ。人種主義っていうのは、消せない特徴をあるグループ特有のものとし、その後でその人々を辱め、見下し、破壊したいという欲求のことだよ。こうして、人種主義は「母なる自然《マザーネイチャー》」の「無垢の娘」とみなされ、みんなは「中間航路」や「涙の旅路」について、まるで地震や竜巻と同じように自然現象として嘆くしかなくなるのさ。

けれども、人種は人種主義の子どもであって、その父親ではないんだ。それに「人民」を定義するプロセスが血統や骨相学の問題だったことは一度もなく、むしろヒエラルキーの問題だったんだ。肌の色や髪の違いは昔からある。けれども、肌の色や髪に優劣があるという信条や、肌の色や髪の違いという要因があってこそ社会を正しく組織することができるし、その要因は消せない特徴を表しているんだという観念――こうした信条や観念は新しい考え方なんだよ。自分たちは「白人」だと信じるように育てられてしまった新しい人民の心の中にある新しい考え方なんだ。連中は、絶望的で悲劇的で詐欺的なことに、そういう育てられ方をされてきてしまったんだよ。

だから、こうした新しい「人民」は、僕ら「黒人」という存在もそうだが、近代の生み出したものなんだ。でも僕ら黒人と違って、彼らの得た新しい名称「人民」には、犯罪的な権力という構造から切り離してしまうと、実質的な意味がない。新しい人民は白人になる前は他の何者か――カトリック、コルシカ人、ウェールズ人、メノー派、ユダヤ人——だったし、僕たちの国の希望がいくらかでも実現すれば、そのとき彼らはふたたび別の何者かにならなきゃならない。もしかしたら本当にアメリカ人になり、アメリカ人の神話にとってのより高潔な礎《いしずえ》を創り出すかもしれない。何なのかは僕にはわからないけどね。今の段階で言わざるをえないのは、まるで異なるいくつもの種族《トライブ》を洗って白くするプロセスや、白人であるという信条を高揚させることは、ワインのテイスティングやアイスクリームを食べながらといった「白人」同士の社交を通じて達成されたのではなく、むしろ次のような行為を通じて達成されたということだ。そもそもがお前や僕の「自分たちの肉体を守り支配する権利」を否定しようとして行われたことだが、生命・自由・労働・土地の略奪、背中をむち打つこと、手足を鎖でつなぐこと、反逆者の絞首、家族の解体、母親たちの陵辱《レイプ》、子どもたちの売却——他にもあるがさまざまな行為を通じてだよ。

そんなことをやってのけたのは、この新しい「人民」が初めてというわけじゃない。また、ひょっとしたら歴史上のどこかの時点で、他の人間の肉体を暴力的に搾取することなしに国力を高めた大国があったかもしれない。あったとしても、僕はまだそれを見つけていないけどね。でも、「暴力の陳腐さ《バナルティ》」を理由にアメリカを免罪することは絶対にできないんだ。なぜならアメリカは、自国が陳腐だなんぞとは主張していないからさ。アメリカは、自国は例外的であり、かつて存在した中でもっとも偉大で高貴な国であり、民主主義を奉ずる白人の市民たちと、テロリスト・独裁者・野蛮人などの文明の敵とのあいだに立ちはだかる孤高のチャンピオンなんだと信じている。自分は超人だと主張しながら、同時に致命的な誤りを認めることはできまい。僕は、「アメリカ例外論」を訴えるアメリカ人たちの主張を、まじめに受けとめることを提案するよ。つまり、この国を例外的な道徳基準に当てはめてみればいいと思うんだ。これは難しいことになるがね。それというのも僕たちの周りの至るところに、アメリカの潔白を額面通り受け取ってあまり深く追究はしないようにと、そう促す構造が存在するからだ。さらに言えばね、素知らぬ顔をして、僕ら黒人が歴史を通じて産み出してきたものを利用し、黒人という名称をかぶせられた僕ら全員になされた大いなる悪《イーブル》を無視するのは、とてもたやすいことだ。もっとも、お前や僕の立場では、実際にそんな贅沢、そんな楽な生き方を許されたことは一度もないわけだがね。お前にもわかっていることと思うが。

僕は一五歳になろうとするお前にこの手紙を書いている。なぜかと言えば、今年エリック・ガーナーがタバコを売ったために窒息死させられたのをお前が見たからだ。レニーシャ・マクブライドが助けを求めたために撃たれたことも、ジョン・クロフォードがデパートで商品をひやかしていたために撃たれたことも、もう知っているからだ。それから、制服を着た男たちがパトカーで通り過ぎた際にタミール・ライスを殺害したのも見たね。彼らが保護すると宣誓したはずの一二歳の子どもをだよ。それから、同じ制服を着た男たちが、誰かのおばあさんにあたるマーリン・ピノックを道端で何度も拳で殴ったのも、すでに見ている。それから、以前は知らなかったとしても今はもう、お前の国の警察はお前の肉体を破壊する権限を与えられていることも知っている。破壊が不運な過剰反応から生じたとしても、たいした問題とされない。破壊が誤解から生じたとしても、たいした問題とされない。

破壊が愚かな政策から生じたとしても、たいした問題とされない。しかるべき認可を得ずにタバコを売れば、お前の肉体は破壊されるかもしれない。お前の肉体を罠にはめようとした人々に対して慣れば、お前の肉体は破壊されるかもしれない。暗い吹き抜け階段に入っていけば、お前の肉体は破壊されるかもしれない。破壊した者が説明責任を求められることはめったにない。たいていの場合、彼らは年金を受け取ることになる。そして破壊は、統治権力を示す最高の形というに過ぎず、その特権には職務質問での身体検査、拘留、殴打、そして屈辱を与えることが含まれる。こうしたことはすべて黒人にとっては月並みなことだ。しかも、こうしたことはどれもみな黒人にとっては昔からあることだ。誰も責任を負わされはしないんだよ。

そうした破壊者たちのなかにも他と異なる悪《イーブル》は見られない。それどころか今という時点にも他の時点と異なる悪《イーブル》は見られないんだよ。破壊する者たちは、この国の気まぐれを執行していて、伝統や遺産を正しく解釈している男たちだというだけなんだよ。そのことに向き合うのはつらい。でも、僕たちの言葉遣いはすべて――人種関係、人種間の亀裂、人種間の平等、人種を適用したプロファイリング、白人の特権、そして白人優位でさえも――次のことを曖昧にする役目を果たしているんだ。人種主義《レイシズム》が理屈抜きの体験であり、脳を打ち砕き、気道を塞ぎ、筋肉を引き裂き、臓器を引き抜き、骨を砕き、歯を折ることであるのを曖昧にする役目をね。お前は、絶対にそこから目をそらしてはいけないよ。お前はまた、いつでも心に留めておかなきゃならない。社会学、歴史、経済学、図式、図表、統計の「回帰」と何を動員しても、結局はひどい暴力となって肉体に降りかかってくるんだってことをね。

日曜日のニュース番組のなかで、キャスター相手に僕は与えられた時間内でできるだけうまくこのことを説明しようとした。けれどもそのコーナーの最後に、キャスターは広く知られていた写真をさっと見せた。一一歳の黒人少年が泣きながら白人警官を抱きしめている写真だ。それから彼女は僕に「希望」について尋ねた。そのとき、僕は自分が失敗したことを悟った。そして、自分は失敗することを予期していたんだ、と思い出した。それから僕はもう一度、自分の中にこみ上げる、言うに言われぬ悲しみについて考えた。正確なところ、なぜ僕は悲しいんだろうか、とね。僕はスタジオを出て、少しのあいだ歩いた。一二月の静かな日だった。自分たちは白人だと信じている家族連れが街に繰り出している。白人として育てられた赤ん坊がシートベルトでベビーカーに固定されている。そして、僕はその人たちのために悲しみ、同じようにキャスターのためにも悲しみ、もっともらしい希望に浮かれ、その実現を待ち望んでいる周りのすべての人たちのためにも悲しんだ。そのとき、なぜ自分が悲しいかがわかった。あのジャーナリストが僕の肉体について尋ねたとき、まるで彼女はいちばんすてきな「ドリーム」から自分の目を覚まさせてくれと僕に頼んでいたようなものだった。僕はこれまでの人生でずっとその「ドリーム」を見てきた。それは、きれいな芝生のある完璧な家だ。それは、戦没将兵記念日《メモリアルデー》にバーベキューパーティーをすること、町内の集い、それに車寄せまでの道だ。その「ドリーム」はツリーハウスやカブスカウトだ。その「ドリーム」はペパーミントのにおいがするけれど、味はイチゴのショートケーキだな。そしてとても長いあいだ、僕はそうした「ドリーム」の中に逃げ込んで、自分の国を毛布みたいに被《かぶ》りたかった。でも、そんな選択の自由は一度もなかった。なぜならその「ドリーム」は僕たちの背中に、僕たちの肉体でできた寝具のうえに載っていたからだ。そして、それがわかったから、そのわかってしまった世界と戦わなくては僕ら黒人は「ドリーム」を持てないんだともわかったから、僕はキャスターのために悲しみ、あのすべての家族連れのために悲しみ、自分の国のために悲しんだが、何よりもあの瞬間、僕はお前のために悲しんだのだった。

あれは、マイケル・ブラウンを殺害した男たちが釈放されることをお前が知った週だったね。自分たちの権力は不可侵のものだとおどろに宣言するかのようにマイケルの肉体を通りに放置した男たちは、罰されることはけっしてないだろう。誰かがいずれ罰されるとは、僕は期待していなかった。けれどお前は若く、まだ信じていた。お前はあの晩、午後一一時まで起きていて、起訴が発表されるのを待っていた。そして逆に起訴しないとの発表が行われたとき、お前は「もういかなきゃ」と言って自分の部屋に引っ込み、やがてお前の泣き声が聞こえた。僕は五分後にお前の部屋に行ったが、抱きしめてもやらなかったし、慰めてもやらなかった。お前を慰めるのは間違っていると思ったからだよ。大丈夫だとお前に言ってやらなかったのは、大丈夫だなんぞと本心から思ったことが一度もなかったからだよ。お前に伝えたのは、お前のおじいちゃん、おばあちゃんが僕に伝えようとしたことだった。これがお前の国なんだよ。これがお前の世界なんだよ。これがお前の肉体なんだよ。だからお前は、その状況の中で生きていく方法を見つけなければならない、ってね。僕は今はこれもお前に伝えよう。黒人の肉体の中でどうやって生きるべきか、「ドリーム」にふけっている国の中でどうやって生きるべきか、という問いかけは僕の一生かかっての問いかけであるし、どうやらこの問いかけを追究してゆけば最終的におのずから答えが出ることが僕にはわかったんだ、ってね。

　こう言うとお前には奇妙に思えるにちがいない。僕たちは「ゴール志向」の時代に生きている。メディアで使われている語彙は、何についてもだが、分析のない無茶な一般化やとんでもない目論見やおおぼらなんかでいっぱいだ。でもどこかの時点で、僕は、どんな形で表されているにせよ魔法というものを拒絶した。この拒絶はお前のおじいちゃん、おばあちゃんからの贈り物で、ふたりは「死後の世界」という考えで僕を慰めようとは絶対にしなかったし、あらかじめ運命づけられたアメリカの栄光ってものにも疑念を抱いていたんだよ。歴史のカオスも、来世などなく自分が完全に終末を迎えるという事実も受け容れたので、解放されてる僕は、自分がどのように生きたいかを本気で考えるようになった――とりわけ、この黒人の肉体の中でどのように自由に生きるか、をね。これは心の底からの問いかけだ。なぜならアメリカは、自国は神によって創造されたと認識しているけれど、黒人の肉体はアメリカが人間の手で作られたことを如実に物語っている証拠なんだからね。僕は読書や書き物をすることを通じて、若い頃聴いた音楽を通じて、お前のおじいちゃんやお前のお母さん、ジャナイおばさんやベンおじさんとの議論を通じて、この問いかけをしてきたんだ。僕はナショナリストのつくりだす神話のなかにも、教室においても、ストリートにおいても、そしてほかの大陸においても、答えを探し求めてきた。この問いかけには答えが得られるものではないけれど、だからといって無益というわけではないんだ。このようにいつも問い続けること、この国の残忍さと向き合うことから得

られる最大の恩恵は、僕を亡霊から解放し、「魂の肉体からの遊離」という恐ろしい恐怖に立ち向かう気構えをさせてくれたことだったんだからね。

そうだね、僕は恐れているよ。お前が僕から離れるときに、いつもいちばん鋭くその恐怖を感じる。でも、僕はお前が生まれるずっと前から恐かったし、これに関しては僕に始まった話ではない。お前の年齢だった頃、僕が知っているのは黒人だけで、彼らの恐れようは一人残らず強烈で、頑なで、危険なほどだったな。それが恐怖だといつも認識していたわけじゃないけど、僕はこの恐怖を成人するまでずっと目にしていたんだよ。

恐怖はいつも僕のすぐ目の前にあった。恐怖は近所にいる豪勢ななりの少年たちの中に、彼らの大ぶりの指輪やメダル、大きくて膨れたコートや引きずりそうなほど丈が長く襟元に毛皮をあしらった革のコートの中にあり、彼らはその鎧をまとって世界に対峙していた。彼らは、リバティハイツ通りとグウィンオーク通りの角や、コールドスプリング通りとパークハイツ通りの角、モンドウミン・モールの外で、ラッセル社製のスウェットに両手を突っ込んでたむろしていた。今あの少年たちのことを思い返すと、僕には恐怖しか見えないし、彼らは過去のつらい時代の亡霊から自分たちの身を守っていたことがよくわかるよ。ぶら下げた黒人の肉体に火をつけ、切り刻めるように、ミシシッピ州の暴徒が彼らの祖父たちを取り囲んだ時代のことだ。その恐怖は、彼らの熟練しているバップ、だぶだぶのデニム、ぶかぶかのTシャツ、野球帽の計算された傾《かし》げ方のなかに染みついていた——どれもこれもが、俺たちゃ望むものはなんでもちゃんと持ってるんだぜという思いを高めるために、この少年たちがとり入れた行動や装いのカタログだったんだよ。

　僕は彼らの争いのしきたりのなかにもそれを見た。僕がせいぜい五歳のときだったが、ウッドブルック通りにある自宅の正面の階段に座って、上半身裸の少年ふたりが顔を突き合わせんばかりにしてお互いの周りを回りながら肩をこづき合うのを見ていたものだ。そのときから、ストリートでの喧嘩には儀式とか規則や規定があることを僕は知ったんだ。そうした儀式とか規則や規定を必要とすることこそが、黒人ティーンエイジャーの肉体がいかに傷つきやすいかを余すところなく証明していたんだけどね。

　僕は初めて知った音楽の中から恐怖を聴きとった。ジュークボックスから吐き出されたその音楽は、おおぼらや空威張りでいっぱいだった。ギャリソン通りとリバティハイツ通りの角や、パークハイツ通りでたむろしている少年たちは、この音楽をえらく気に入っていた。気に入っていた理由は、実際の証拠も確率も正反対のことを告げているのに、彼らこそが自分の生活、自分のストリート、自分の肉体を支配していると歌っていたからだ。僕は少女たちの中にも、彼女らの騒々しい笑い声の中にも、彼女らがつけている金メッキのバンブーピアスの中にも恐怖を見つけた。ピアスの中に名前があるデザインだから、彼女らの名前が何度でも読みとれたものだ。それからきつい視線や粗暴な言葉遣いの中にも恐怖を見つけた。その視線や言葉遣いたるや、おふざけが過ぎるぜと咎めて、目力《めぢから》で人を切り裂き、言葉で人を破壊する手段だったんだよ。「俺の名前をきやすく口にするんじゃねぇ」と彼らは口にしたものだ。僕は放課後によく彼らの姿を、彼らがボクシングの構えをし、ワセリンを塗り、ピアスを外し、リーボックを履き、互いに向かって飛びかかる様子を、眺めたものだったな。

　僕はフィラデルフィアにある僕のおばあちゃんの家に遊びに行くときにも恐怖を感じた。お前は僕のおばあちゃんのことを知らない。僕もほとんど知らなかったんだけど、彼女の厳しいマナーやがら声は今でも覚えている。僕の父さんの父さんも、オスカーおじさん、デヴィッドおじさんも亡くなっていたこと、そしてどのケースも不自然な死に方だったことは知っていたけどね。そして、僕は僕の父さんのなかにも恐怖を見つけた。お前を愛し、お前に助言を与え、お前のために使えるよう僕にそっとお金を渡してくれたお前のおじいちゃんの中にね。父さんは本当にひどく恐れていた。僕は父さんの黒い革ベルトで打たれたときの激痛の中にそれを感じた。父さんは怒りというより不安に駆られてベルトを使った。父さんは誰かが僕を盗んでいってしまうと思ってでもいるように僕を打った。僕たちの周りでまさにそうしたことが起きていたからだ。誰もがなんらかの形で、たとえばストリートのせいで、刑務所のせいで、ドラッグのせいで、銃のせいで、子どもを失っていた。そうして失われた少女たちはハチミツのように甘くて、ハエだって傷つけようとしなかったと言われていた。そうして失われた少年たちはハイスクール卒業資格を取得できる試験（ＧＥＤ）に合格したばかりで、まさに人生が変わるところだったと言われていた。そして彼らがいなくなってしまうと、彼らが遺したものは大いなる恐怖だけだったんだよ。

　この話を誰かから聞いたことはあるかな。お前のおばあちゃんが一六歳だったとき、若者が家の戸をたたいた。その若者はお前のおばあちゃんの妹のジョーのボーイフレンドだった。家にはほかに誰もいなかった。お前のおばあちゃんはこの若者をうちに入れ、ジョーが帰ってくるまで座って待たせてやった。ところがお前のひいおばあちゃんが先に帰ってきたんだ。彼女はその若者に出ていってくれと言った。それからお前のおばあちゃんをひどくたたいた。どれだけたやすく自分の肉体を失う可能性があるかを覚えているように、仕上げにもういちどだよってぐあいにね。お前のおばあちゃんは絶対に忘れなかった。通りを渡るとき、お前のおばあちゃんが僕の小さな手をぎゅっと握りしめていたことを覚えている。もし僕が手を離して飛び出して、突っこんでくる車に殺されたら、僕をたたいてでも生き返らせるよ、そうお前のおばあちゃんはいつも言っていた。僕が六歳のとき、お前のおじいちゃんとおばあちゃんが近所の公園に連れて行ってくれたことがある。僕はふたりの監視の目を逃れて遊び場を見つけた。お前のおじいちゃん、おばあちゃんは、僕を探して不安な数分間を過ごした。ふたりが僕を見つけたとき、父さんは僕が知っているどの親でもしただろうことをした――ベルトに手を伸ばしたんだ。自分のした間違いと罰のあいだにある隔たりの大きさに恐れをなして、放心してお前のおじいちゃんを見ていたことを覚えているよ。後《のち》になって、僕はそれを父さんの声で何度も聞くことになる――「おれがあいつをたたいといてやらなきゃ、警察がたたくことになるんだぞ」。たぶんそのおかげで僕は助かったんだろう。そうではなかったかもしれないけどね。僕にわかるのは、火から煙が立ち上るように恐怖から暴力が生じるってことだけだ。たとえ恐怖や愛情からくるものであっても、その暴力が火災警報を鳴らしたのか、あるいは出口で僕たちを窒息させたのかは、僕にはなんとも言えない。僕にわかっているのは、生意気な口答えをするという理由でティーンエイジャーの息子を殴る父親たちが後になって彼らをストリートに放つと、ストリートで息子は同じ処罰をやってのけるし、またその処罰を受けることもあったってことだ。娘をベルトで打つ母親たちのことを知っていたが、ベルトでは、娘の倍は歳をくっているドラッグの売人から娘を守ることはできなかった。僕たち子どもは飛び切りブラックなユーモアを駆使してそれに対抗した。僕たちは路地にたむろし、そこで枠だけにした木箱にバスケットのボールを通すのをシュートと決めて遊びながら、軽口をたたいたもんだよ。ある男の子の母親は、五年生のクラスメイト全員の前でその子をたたきのめしたらしいよ、とかね。僕らは五番のバスの座席に腰かけてダウンタウンに向かいながら、ある女の子の母親はなんにでも――電線ケーブル、延長コード、ポット、平鍋――手を伸ばすことで有名なんだ、と言って彼女を笑いの種にした。僕たちは笑っていたけれど、自分をいちばん愛してくれる人たちを恐れていたことが今の僕にはわかる。親たちは、疫病が流行った時代に自分に鞭打った苦行者（フラジェラント）たちが鞭に手を伸ばしたように、鞭に手を伸ばしたんだよ。

僕が若い頃のボルチモアで黒人であるということは、この世界を構成するもろもろの要素――銃、拳、ナイフ、クラック、陵辱《レイプ》、それに病気――の前に裸を晒しているようなものだった。裸を晒していること自体は間違いでもなければ病的でもない。裸を晒していることは、生き方の順当で意図どおりの結果であり、何世紀ものあいだ恐怖のもとで生きるよう強いられた人々にとっての予想通りの帰結だった。法律は僕たちを守ってくれなかった。そして今、お前の時代には、法律はお前を足止めして職務質問の身体検査をするための口実になっている。言ってみれば、お前の肉体にもっと暴力をふるおうとすることの口実だな。だけど、学校、政府系住宅ローン、それに先祖からの遺産といったセーフティネットを介して一部の人々を守る一方で、お前のことは刑事司法という棍棒でしか守れない社会は、立派な意図を実行に移すのに失敗したか、そうでなければはるかに後ろ暗い何ものかに成功したかのどちらかだ。どちらであろうと構わないが、結果として僕たちはこの世界の犯罪的な権力の前では無力だ。そうした権力の手先が白人か黒人かはどうでもいいんだ——問題なのは僕たちの置かれた状況であり、問題なのはお前の肉体を破壊されやすいものとしている体制なんだよ。

こうした権力の暴露、一連の大きな変化は、僕がこれまで生きてきた中でだんだんと展開してきた。この変化は今も展開されているし、きっとそれは僕が死ぬまで続くだろう。僕は一一歳のとき、セブンイレブンの店舗の正面にある駐車場に立ち、年上の少年たちの仲間《クルー》がストリート脇に立っているのを眺めていた。彼らは大声で叫び、ジェスチャーをしていた……誰にだ？……もう一人、僕のように年下の少年がそこに立っていて、微笑んでいるかのような表情で勇敢にも両手を上げている。その少年は、その日僕が与えられることになる教訓をすでに身につけていた。自分の肉体はつねに危険に晒されているんだ、という教訓をね。どうやってその子がその教訓を知るに至ったかは、わかるわけはないけどね。公営住宅《プロジェクト》でか、飲んだくれた継父か、警官のせいで脳震盪を起こした兄か、市刑務所にぶちこまれた親類か。彼が数で負けていたことはどうでもよかった。なぜなら全世界がとうの昔に彼を数で圧倒していたし、そもそも数が何の意味を持つというんだい？　これは彼の肉体の所有をめぐる戦いであるし、彼にとって生涯にわたって続く戦いになるんだからね。

僕はほんのちょっとそこに突っ立ったまま、年上の少年たちの素晴らしいファッション感覚に見惚《と》れていた。みんなそろってスキージャケットを着ていた。あの当時、母親たちはよく九月にその手のスキージャケットの予約を店に入れ、それから必死で残業をして包装された現物をクリスマスまでに手に入れようとしたもんだったよ。僕は肌の色が薄めで頭の形が長く、目の小さな少年に注目した。その少年は、僕のすぐそばに立っているもう一人の少年をにらみつけていた。午後三時にかかるところだった。僕は六年生になっていた。その日の授業が終わったばかりだった。まだ春先の「喧嘩日和」にはなっていなかった。いったい何がトラブルの元かって？　わかるわきゃないよ。

　目の小さな少年がスキージャケットに手を伸ばして銃を引っ張り出した。あれを思い出すと、まるで夢のなかの出来事のようにこれ以上ないほどスローモーションになるよ。少年が銃を振りかざしながら立っている。ゆっくりと取り出したり、しまったり、それからもう一度取り出したりしてみせる。彼の小さな目に激しい怒りがこみ上げるのが見えた。あの視線なら瞬時に僕の肉体を消すことができたことだろうな。一九八六年のことだった。その年、僕は殺人報道の海で溺れるんじゃないかと思っていた。しょっちゅうあったことだけど、そうした殺人が、狙った標的を外した結果として、おおおばさん、ＰＴＡの母親たち、残業中のおじたち、そして楽しそうな子どもたちなんかにあたってしまったためであるのにも気づいていた。土砂降りの雨のように弾丸が飛び、無作為に容赦なくあたってしまうんだった。そのことは頭ではわかっていたけれど、事実として理解できたのは、すぐそばで僕と向かい合って立っている目の小さな少年が、その小さな両手で僕の肉体をぐいっとつかんだときだった。少年は撃たなかった。仲間が手前に引き戻したからだ。彼には撃つ必要もなかった。彼は物事の順番における僕の位置を確認済みだった。どれだけ簡単にお前を標的《まと》に選べるか教えてやったぜ、ってわけだ。その日、僕は地下鉄に乗って帰宅しながら、自分一人でその出来事を消化したものだった。僕は両親には言わなかった。先生にも言わなかった。友達に話したとしたら、あの瞬間に僕をとらえていた恐怖を隠すために、せいいっぱい話を盛ったことだろうな。

少年らしい過ごし方をしていた午後というだけだったのに、死があんなにも簡単に目の前に現れ、霧のように僕を包み込むことに驚愕したのを覚えているよ。自分が住んでいたウエストボルチモアや、いとこたちが住んでいたフィラデルフィアのノースサイド地区、お前のおじいちゃんの友人たちが住んでいた悪名高いシカゴのサウスサイド地区が、異なった世界を構成していることはわかっていた。どこか、天空の彼方、小惑星帯《アステロイドベルト》を通り過ぎたところにはいくつも別世界があって、そこの子どもたちは自分の肉体のことで始終おびえたりすることはなかった。なぜ知ってるかというと、僕の家のリビングルームに大きなテレビが鎮座ましましていたからだよ。夕方になると僕はこのテレビの前に陣取り、この別世界からのニュースの証人になっていたんだ。そこには、アメリカンフットボールの完全なカードコレクションを持っている白人の少年たちがいて、彼らに足りないものは人気者のガールフレンドだけであり、彼らが心配するのはウルシにかぶれることだけだった。その別世界は「郊外」と呼ばれ、はてしなくあった。その別世界は、ポットローストやブルーベリーパイ、花火、アイスクリーム・サンデー、ぴかぴかのトイレ、それに小川や渓谷もあり木々が茂る広い裏庭に散らばった小さなおもちゃのトラックといったものの周りにできあがっていた。こういうニュースと自分が生まれ育った世界の現実とを比べ、僕は自分の国アメリカは「銀河系」なんだと理解するようになった。そしてこの銀河系はウエストボルチモアという悪魔の巣窟から（シットコムの主人公の典型的な白人だがミスター・ベルベデーレの楽しい猟場まで続いているんだ、とね。僕は宇宙の別空間と僕自身の空間のあいだの隔たりに取りつかれていた。アメリカという銀河系のうち、強い「引力」によって肉体が奴隷化されてしまう僕のいる部分は黒くて、もう一方の引力から解放されている部分は黒くないことを知っていた。何か不可解なエネルギーがその裂け目を維持していることを知っていた。その別世界と自分との関係を感じてはいたものの、まだ理解してはいなかった。そしてその中に宇宙の不公平や底知れぬ残虐さを感じたが、その不公平や残虐さが、いつまでも続く抑えきれない欲求を僕に吹き込んだんだよ。僕自身の肉体の枷を外したい、逃げ出せるだけの素早さをものにしたいという欲求をね。

お前もそれと同じ欲求を感じることがあるだろうか？　お前の人生は僕自身の人生とはあまりに違いすぎる。世界が、リアルな世界が、まるごとの世界が壮大であることは、お前にとってはわかりきったことだ。しかもお前にはニュースを見る必要がない。アメリカという銀河系とその住人を――彼らの家庭も彼らの趣味もあわせて――たっぷりと間近に見ているからだ。黒人の大統領がいて、ソーシャルネットワークがあって、メディアがどこにでもあって、そこらじゅうの黒人女性がナチュラルな髪で通す世界で育つことが何を意味するのか、僕にはわからない。僕の知っているのは、マイケル・ブラウンを殺害した相手が釈放されたときにお前が「もういかなきゃ」と言ったことだ。その言葉は僕の心をえぐった。というのはね、僕たちはまるで違う世界にいるとはいえ、お前の年頃には僕もまったく同じ気持ちだったからだ。それに、その年頃になっていても、自分が僕たち黒人を陥れる危機について想像してなかったことは覚えているよ。お前は今も、「不当な仕打ちといえばマイケル・ブラウン」のことだと信じている。お前はまだお前自身の神話、お前自身の物語に取り組んでいないし、僕らの周りのいたるところで略奪が行われていることにも気づいていないんだよ。

僕は、それに気づく前に、そこから逃げ出す前に、まず生き延びなければならなかった。そのためには、ストリートと対決するしかなかった。ストリートが意味しているのは、物理的なブロックだけでもないし、単純にブロックに詰め込まれている人間たちだけでもなく、アスファルトそのものから立ち上るような命のかかった謎かけとか未知の危険が続くことだ。ストリートはごく普通の毎日を、人をひっかける質問の連続に変えてしまい、どれか一つでも正しく答えられないと、制裁されたり、撃たれたり、妊娠させられるリスクを伴うんだよ。無傷で生き残れる者は一人としていない。それでも、絶え間ない危険や、死と隣り合わせの経験をするライフスタイルから生み出される興奮《ヒート》はスリル満点だ。自分たちは「ストリート」中毒だ、「気晴らし《ゲーム》」に夢中だと言い切るとき、ラッパーたちが伝えているのはそういうことなんだよ。僕の想像だけど、パラシューティスト、ロッククライマー、ベースジャンパーといった危険と隣り合わせの生き方を選ぶ人間たちと通ずるものを感じてるんだろうな。もちろん、僕たちは好きで選んだわけじゃなかった。それに、自分がストリートを「牛耳ってる」とか、ましてや「シマにしている」などと主張するブラザーたちを信用したことは一度もない。

僕たちがストリートを設計したのではなかった。僕たちはストリートに資金を提供してもいないし、維持管理をしているわけでもない。それなのに、僕はほかのみんなと同じように、ストリートで自分自身の肉体を守らなきゃならなかったんだよ。

クルー、つまり恐怖を怒りに変えた若い男たちからなる仲間がもっとも危険だった。クルーは自分の住んでいる地域のブロックを騒がしく粗暴な態度でうろついた。というのも、彼らがいくらかでも安全や権力を実感できるのは、騒々しい粗暴さを通してのみだったからだ。彼らが他人の顎を砕き、顔を踏みつけ、銃で撃つのは、その権力を感じ、自分の肉体に潜む力ではしゃぐためだった。そして彼らの度を越したはしゃぎっぷりや思いがけない行動が、彼らの悪名をとどろかせたんだよ。評判が立ち、残虐さの数々が並べ上げられた。そういうわけでボルチモアの僕が住んでたあたりでは、チェリー・ヒルのクルーがのし歩くときには反対の方角へ行くこととか、「ノース・アンド・プラスキー」は交差点の名前ではなく強力なハリケーンで襲撃の後では何もかもこなごなになっていることとかは、よく知られていたものだ。そんな風だから、そうした地域の治安《セキュリティ》は消え失せ、そこに住む個々の人間の肉体の安全《セキュリティ》が問題となってきた。たとえば、ジョー＝ジョーが来たら道を開《あ》けたね。奴はマーフィー・ホームズのクルーのボスのキオンの身内《カズン》だったからね。ほかの都市にゆく、そこまでゆかずともボルチモアでも場所をさまざまに変える。そうすれば、当然地域の呼び名も、クルーの名前も違ったものになったわけだが、使命に関してはどこでも一貫していたんだよ。彼らのブロックを、そして彼らの肉体を侵してはならないことを、膝の骨や肋骨や腕の骨を折る力によって証明することだったんだ。こうした習慣はあまりにありふれたものだったから、お前があの時代に都市部で育てられた黒人の誰でもいいから近づきになったなら、彼らは自分たちの都市ではどのクルーがどの地域を牛耳っていたか言えるはずだし、ボス全員とその身内《カズン》全員の名前を挙げて、彼らが立てた手柄についてこれはというのを選んで話して聞かせてくれるはずだよ。

住んでいる地域で生き延び、自分の肉体を守るために、僕はうなずき方や握手の仕方という基本的な要素からなる、もう一つの言語を身に着けた。行ってはいけないブロックのリストはそらで言えた。「喧嘩日和」のにおいや感触を学んだ。それから「チビ助、お前の自転車《バイク》を見ていいかい？」という問いはまじめに質問しているわけではなく、「おい、お前、俺の身内《カズン》にちょっかいかけてるな」というのは真剣に咎めているのでもなければ事実を誤解しているのではないこともわかった。こうしたものは呼び出しであって、これを受けたら左足を前に置き、右足を後ろに引き、顔を守るには片方の手をもう一方の手よりやや下げてハンマーのような形にして両手をあげてみせることで応えた。そうでなきゃ、その場を飛び出して路地を身をかがめて逃げ回り、裏庭をいくつも突っ切り、玄関のドアを駆け抜けて弟には目もくれず自分のベッドルームに入り、ラムスキンのコートからか、マットレスの下からか、アディダスの靴の箱からか銃を引っ張り出し、自分の身内《カズン》をかき集めて（本当の親類《カズン》じゃないがね）その日のうちにそのブロックにいる同じクルーのところへ戻り、「よう、おたく《ニガー》、元気かよ《ワッツアップ》」と大声で叫ぶんだ。僕はこうしたストリートの法を学んだ過程のほうを、「色と形《カラーズアンドシェイプス》」の学習の過程より鮮明に思い出すよ。ストリートの法ってのは、自分の肉体の安全を守るためには絶対に欠かせないものだったからさ。

　これが、お前と僕とのあいだにある大きな違いなんだと思う。お前も昔のルールをある程度は知っているとはいえ、そのルールは僕にとってそうであったほどお前にとっては欠かせない知識ってわけじゃない。たしかに、お前も地下鉄や公園で乱暴者の相手をしなければならないことがときにはあっただろう。でも僕がお前の年齢だった頃、毎日僕の頭の中の優に三分の一を占めていたのは、誰と学校まで歩いていくか、正確に何人で歩くか、どうやって歩くか、何回微笑むか、誰に向かって何に向かって微笑みかけるか、誰が殴ってきて誰が殴ってこないか、だった——とりもなおさず、どれもこれも、僕がストリートの文化、肉体の安全を守ることに躍起となる文化を実践していたことの表れだね。僕はあの頃の毎日を思い焦がれたりはしない。お前を「タフ」にしたいとか「ストリート」でやってゆけるようにしたい、なんて望んでいない。たぶん、僕がいくらかでもものにした「タフさ」は、いやいやながら身に着けたものだったからだろう。なんとなく、僕はいつもその代償を意識していたんだと思う。なんとなく、頭の中のその三分の一はもっと美しいことのために使うべきだったのになあ、そうわかっていたんだと思う。ストリートの何かが、名もなく巨大ななんらかの力が、僕から奪ったものを感じていたんだろう……でも何をかな？　時間かな？　経験かな？　僕の無駄にしたその三分の一でできただろうことを、お前はかなりよくわかってるんだと思うよ。だからこそお前は、僕がそうだった以上に逃げたいという欲求を感じているのかもしれないな。お前は「樹木限界《ツリーライン》」の上にある素晴らしい生活をもうじっくりと見ているけど、それにもかかわらず自分とトレイヴォン・マーティンのあいだに本質的な距離がないことも理解してる。だからトレイヴォン・マーティンの一件は、僕にはうかがえないくらい強烈にお前を怖がらせたにちがいない。連中に肉体を破壊されるときに失われるものを、お前は、僕よりずっと多く知ってるのさ。

　ストリートだけが僕が抱えていた問題じゃなかった。ストリートが右足にはめられた枷だとしたら、左足にはめられた枷は学校だった。ストリートを理解できないと、その時点で自分の肉体をあきらめたことになる。一方、学校を理解できないと、後《あと》になって自分の肉体をあきらめることになるんだ。僕は両方のせいで苦しんだけれど、学校のほうにより強い憤りを感じてるよ。ストリートの法には何かを特別扱いしたところはなかった――善悪とは無関係で、実際的なものだったんだ。パーティーに出かけるときに仲間と群れていくのは、雪の日にブーツを履いたり雨の日に傘をさしたりするのと同じくらい当たり前のことだった。そうしたものは明瞭なことに向けられたルールだった――スケートやボウリングのできるシェイク&ベイク・センターに出かけるたびに、バスでダウンタウンへ行くたびにつきまとうやばさといったものに向けられたルールだったんだよ。ところが学校の法が向けられた対象は、どこか遠くにあって漠然としていた。年長者たちが言っていた「成長してひとかどの人物になれ」とは、どういう意味だったんだろうか？　それに、その言葉は、丸暗記の訓練としてなされる教育と、正確なところどんな関わりがあったんだろうか？　僕が暮らしていたボルチモアで教育を受けるということは、だいたいにおいて、HBの鉛筆をいつも一本余計に持ち歩き、静かに勉強することを意味していた。教育を受けている子どもたちは一列に並んで廊下の右側を歩き、トイレに行きたいときは手を挙げ、ゆく途中は先生からもらったトイレ許可証を持っていく。教育を受けている子どもたちは、言い訳など絶対にしなかった――そもそも子どもには言い訳なんぞありえなかった。世間には黒人の少年少女のために割《さ》く時間などなかったんだよ。それなのに、どうして学校が割けると言うんだい？　代数、生物、それに英語は、教科とかじゃなかった。それよりも、肉体を鍛錬し、行間に書き込みをする練習をし、説明を読みやすく写し、その子たちが生まれ落ちて体現することになった世界から抽出された定理を暗記する、そうした機会だと言った方がよかった。何もかもが自分とはかけ離れているように思えた。七年生のフランス語の授業を受けながら、なぜ自分がそこにいるのかさっぱりわからなかったことを思い出すよ。フランス人なんて一人も知らなかったし、自分の周りを見てもいつか知り合うだろうと思わせるものはなかったしね。フランスという石っころが転がっていたのは別の銀河系の別の太陽の周りであり、自分が絶対にわたることのない別の空の中だったんだ。いったいぜんたい、なぜ自分はこの教室に座ってるんだろうか？

その問いへの答えは結局得られなかった。僕は好奇心が強い少年だったが、学校にとっては好奇心などどうでもよかった。彼らが気にしていたのは規則遵守《コンプライアンス》だった。何人か好きだった先生はいる。でも、そのうちの誰かを心から信頼していたとは言えないな。学校を離れて数年後、大学を中退した後にだが、ナズの歌う曲のリリックを三行ばかり聴いて、衝撃を受けた。

……エクスタシー、コーク

お前はそいつが愛だというけど、そいつぁ毒だぜ
俺が通ってた学校なんぞ燃やしちまえ、そいつぁ毒だぜ

まさに当時僕が感じていた気持ちそのものだった。学校は何かを隠している、僕らが見たり尋ねたりできないように、僕らに間違った道徳ってやつを一服盛っているんだ。そう僕は気づいていた。僕らに知らせたくなかったのは、僕ら黒人にとって、それも僕ら黒人だけにとって、なぜ自由な意思や自由な精神を裏返すと、僕らの肉体に降りかかる暴行となるのか、だった。これは誇張した心配ではないんだよ。年長者が僕たちに学校を差し出したとき、彼らはそこを高度な学びの場としてではなく、死や刑務所暮らしから逃れる手段として差し出したんだ。ハイスクールを中退する全黒人青年の優に六〇パーセントはさきゆき刑務所に入ることになる。これは国の恥であるべきなんだ。ところがそうはなっていない。当時の僕には数字を分析したり歴史を見通したりすることはできなかったけれど、ウエストボルチモアを特徴づける恐怖を説明できるのは学校ではないことには気づいていた。学校は真実を明かすのではなく、隠していた。たぶんこうしたことの核心が理解されるためには、学校なんぞ燃やしてしまう必要があるんだろうね。

学校に適応できず、かなりな程度したくもないと思っていたうえに、ストリートをものにするために必要な機転も欠いていたから、自分には——正直に言ってしまえば誰にだって——逃げ場なんてあるはずがないと僕は感じていた。殴り合いをし、身内《カズン》やクルーを呼び集め、いざとなったら銃を取り

出す恐れ知らずの少年少女は、ストリートをわがものにしているように見えた。けれども彼らの知識は一七歳でピークを迎えた。一七歳になると、思い切って両親の家を出て、アメリカも銃や身内《カズン》を持っていることを知るんだよ。彼らの未来は、三歳の子ども相手にぴしゃりと叩いたり汚い言葉をかけながら二八番のバスによっこらしょと乗り込む母親たちの疲れた顔に表れていた。彼らの未来は、若い娘が笑みを見せないからという理由で、街角でみだらな言葉を投げつける男たちに表れていた。なかには酒屋の店先に立ち、数ドルの駄賃で酒を一本買ってくる者もいた。僕たちは年齢でアルコールを買えなかったので、そんな連中に二〇ドル札を渡し、釣りはとっておくように言ったものさ。すると連中は店内に飛び込み、強化ワインを割るためのレッドブルと、マッドドッグかシスコといった強化ワインを手に戻ってきた。それから僕たちは、母親が夜勤に出ている誰かの家まで歩いて行き、N.W.A. の曲「ファック・ザ・ポリス」を流しながら自分たちの若さに祝杯をあげた。僕たちは外へ出ることができなかった。僕たちが歩く地面には、地雷を仕掛けたワイヤーが張ってあった。僕たちが吸う空気には毒が混じっていた。水も僕たちの発育を妨げた。僕たちは外へ出ることができなかったのさ。

目の小さな少年が銃を引っ張り出すところを見てから一年経っていたな。別の少年にだが、僕は物を盗《と》られたというので、父さんに殴られたよ。その二年後には、九年生の担任教師を脅したといって父さんに殴られた。暴力性が足りないと、僕は肉体を失う可能性があった。暴力性がありすぎても、僕は肉体を失う可能性があった。僕たちは外へ出ることができなかった。僕は有能な少年で、知的で、人望もあったのに、ひどく怯えていたんだ。それに、まだ漠然としていて口に出したりしなかったけど、子どもがそんな生活を送るよう分類され、恐怖の中で暮らすことを強いられるのはたいへんな不公平だと感じていたんだ。それじゃ、この恐怖の源はなんだったんだろうか？　ストリートと学校という煙幕の向こうに隠れていたものはなんだったんだろうか？　そして、ＨＢの鉛筆とか、文脈を抜きにして動詞活用を覚えるとか、ピタゴラスの定理とか、握手の仕方やうなずき方とかが生死を分け、世界と僕のあいだに降りたカーテンになるということは、何を意味していたんだろうか？

多くの人間たちと違ってたのは、僕は教会にも教会がもたらす神秘にも逃げ込むことができなかったことさ。お前のおじいちゃんとおばあちゃんとが、あらゆる教義を否定したからだよ。僕たち一家は、「白人」になりたかった奴らが売り込んだ祝日を軽蔑した。奴らの聖歌のために立とうとはしなかった。奴らの神の前にひざまずこうとはしなかった。そういうわけで、なんであれ公正な神が僕の側についているという感覚はなかった。（マタイによる福音書にある）「柔和なるものは地を継がん」なんてのは僕にはなんの意味もなかった。柔和なるものはウエストボルチモアでさんざん叩かれ、ウォルブルック・ジャンクションで踏みつけられ、パークハイツ通りでのされ、市刑務所のシャワー室で陵辱《レイプ》された。僕の宇宙の理解の仕方は即物的だったし、「天空の弓はカオスに向かって弧を描き」、そこで窮地にはまってしまうのだった。キング牧師のように「天空の弓は長いがそれは正義に向かって弧を描いている」とはゆかなかったんだよ。これが、例の銃を引っ張り出した小さな目をした少年が発したメッセージだった——一人の子どもが肉体を支配し、ほかの子どもたちを記憶の彼方へ押しやる力を持つというメッセージだった。恐怖は僕の周りのすべてを支配していて、僕にはこの恐怖があちら側にある「ドリーム」に、夜ごとに放映されるテレビの中のなんの悩みもない少年やパイやポットロースト、白いフェンスや緑の芝生につながりがあることがわかっていたんだ——今じゃ黒人は全員が知っていることだけどね。

だけど、僕はどうやって知ったのかな？　宗教は僕に教えてはくれなかった。学校も僕に教えてはくれなかった。ストリートは、毎日の奪い合いの先までも見通す目を持つのに役立たなかった。しかも僕はとても好奇心の強い少年だった。そういう風に育てられたんだからね。お前のおばあちゃんは、僕がまだ四歳のときに文章の読み方を教えてくれた。書き方も教えてくれた。といっても単に文をいくつかまとめて段落を連ねてゆくという意味ではなくて、吟味するための手段として文章にまとめるという意味だった。かなり頻繁にあったことだけど、僕が学校で問題を起こすと、お前のおばあちゃんはそれについて僕に文章を書かせたものだったよ。書くときには、ひと続きの問いに答えなければならなかった。なぜ僕は先生が話しているときに話をしなければならないと思ったのか？　なぜ担任の先生のことを尊敬に値すると信じられなかったのか？　自分が話をしているとき、他人にはどういう態度でいてほしいのか？　今度、授業中に友達に話しかけたくなったらどうするか？　僕はお前にもこれまで同じ課題を渡してきたね。僕がそれらを渡したのは、そうすればお前の行動を抑えられると思ったからではなく——間違いなくかつて僕の行動を抑えられはしなかったんだからね——それらの課題は吟味するための、つまりお前自身に自覚させるための最初の段取りだったからなんだ。お前のおばあちゃんは教室の中でどうふるまうべきかを僕に教えていたんじゃないんだ。おばあちゃんは最大の共感と正当化を引き出してしまう主題、つまり僕自身をどのようにして厳しく吟味するか、それを教えていたんだ。こんな感じでレッスンは進んだんだよ――僕は無垢ではない。僕の衝動は、尽きせぬ美徳なんぞで満たされてはいない。そして、自分はみんなと同じくらいに人間的だと感じているので、これはほかの人間たちにとってもあてはまるに違いない。僕が無垢ではないなら、彼らだって無垢ではない。こういった不純な者たちの不純な動機が混じり合うことで、彼らの話に、彼らの築いた都市や、彼らが神から授かったと主張する国に、影響が出たことはあるだろうか？――

いまや数々の問いかけが僕の身を焦がし始めていた。研究材料は、お前のおじいちゃんが集めた蔵書という形で僕の周りにいくらでもあった。お前のおじいちゃんはその頃、ハワード大学にあるムーアランド・スピンガーン・リサーチセンターで学術司書として働いていたんだよ。アフリカ関連資料のコレクションが世界最大級にそろっている場所だ。お前のおじいちゃんは、昔から今まで変わらずに本を愛していたんで、家じゅう本だらけだった。黒人についての、黒人による、黒人のための本が棚からもリビングルームからもあふれ、箱詰めされて地下室に積み上げられていたほどだ。お前のおじいちゃんはブラックパンサー党の支部長をしていたことがあった。僕はお前のおじいちゃんの集めたパンサー党員に関する本や、隠し持っていた党の昔の機関紙を全部読んだ。僕は彼らの銃に惹かれた。銃は嘘をつかないように思えたからだ。銃口は、アメリカに向けられているように見えた。アメリカが、この国の主要言語の暴力を使う横暴な警察によって守られた「ストリート」なるものを開発したんだからね。それから僕はパンサー党員と、学校から与えられたヒーローたち——滑稽だし僕が知っている何についても真反対なのに驚かされた男女——とを比べたものだった。

毎年二月になると、公民権運動を儀式として回顧するための集会にクラスで連れていかれた。教師たちは、フリーダムマーチの参加者、フリーダム・ライダー、フリーダム・サマーのプロジェクトといったものの展示のほうへ僕たちをせっついたし、カメラの前で殴られるという栄光に献じられたいくつもの映画を観ずには二月は終わらないようだった。こうした映画に登場する黒人は、人生でも最悪のものごとが好きなようだった——自分の子どもたちを引き裂く犬や、自分たちの肺に入り込む催涙ガス、自分たちの衣服を引き裂き、自分たちを通りへと転げ回らせる放水ホースを愛しているようだった。自分たちを陵辱した男たちを愛し、自分たちに悪態をついた女たちを愛し、自分たちに唾を吐きかけた子どもたちを愛し、自分たちに爆弾を投げつけたテロリストを愛しているように見えた。「なぜ先生たちはこれを僕たちに見せるんだろう?」と思ったよ。なぜ僕らのヒーローたちだけが非暴力なんだろう? 僕は非暴力の道徳性について話しているんじゃなく、とりわけ黒人にこの道徳性が要求されるという感覚について話しているんだ。当時、僕にできたことと言えば、こうした自由を愛する《フリーダムラヴァー》人間たちを、自分がよく知っている物差しで測ることだけだった。つまり、セブンイレブンの駐車場で銃を引っ張り出す子どもたちと比べ、延長コードをふるう親たちと比べ、「よう、おたく《ニガー》、元気かよ《ワッツアップ》」という言葉と比べて測っていたんだ。それから、殺人を通じて土地を獲得し奴隷制のもとでその土地を活用できるようにした自分が知っている国と比べ、自分たちの支配権を拡大す

るために自国の軍隊を世界中に展開している国と比べて判断していたんだ。世界は、リアルなほうの世界は、残忍な手段を通じて守られ支配される文明だった。どうしたら、社会が進んで見下している男女の価値を学校が保てるというんだろう？　どうしたら学校は、ボルチモアのストリートがどういうところかわかったうえで僕たちをそこに送り出し、そのうえ非暴力について語れるんだろう？

僕はストリートと学校を同じ一匹の獣のいわば両の腕《かいな》だとみなすようになった。学校は国家の公権力を享受し、ストリートは暗黙の拘束力を享受していた。もっとも、どちらにとっても武器であったのは恐怖と暴力だった。ストリートでへまをすれば、クルーが気の緩みをとらえて肉体を奪う。学校でへまをすれば、停学処分を受けて結局ストリートに戻され、そこでクルーが肉体を奪うことになるんだ。そこで、僕は両の腕《かいな》が関連していると思い始めた——学校でへまをすることがストリートで身を滅ぼすこととの正当化につながったんだからね。社会は「彼は学校に残っていればよかったのにね」と言ってそいつと手を切ることができたのさ。

個々の教育者の「意図」が高潔かどうかは関係ない。意図なんぞ忘れてしまえ。どんな組織であれそこで働く人間であれ、お前のために何を「意図している」かは副次的なものなんだ。僕らの世界は肉体が中心なんだ。防戦に終始するんだ——頭脳はどうでもいいから、肉体から目を離すな。「ストリートに取り残されている黒人の方が好ましい」などと、直截的に宣言するアメリカ人はまずいまい。だけど、まことに多くのアメリカ人が「ドリーム」を守るためなら、できることを何でもするだろうよ。「学校は失敗や破壊を正当化するよう設けられている」んだと、直截的に宣言した者はいない。

だけど、おびただしい数の教育者が、犯罪的なほどの無責任さによって生み出され維持されてきたこの国において、「自己責任」について語ったんだ。「意図」と「自己責任」というこの言い回しの要点は、広く冤罪を晴らすことにあるんだ。たしかに間違いは起きた。肉体は破壊された。人々は奴隷にされた。だがわれわれはよかれと思っていた。われわれは最善を尽くした。「善良な意図」は歴史を通して通用するトイレ許可証であり、「ドリーム」を必ず見られるようにする睡眠薬なんだよ。

学校が僕らに伝える話を絶えず吟味することは、今じゃ欠かせないことのように思えた。なぜかと尋ねないのは間違っているように思えた。わからなければもう一度尋ねてみないのも、間違っているように思えた。僕がこうした質問をお前のおじいちゃんにぶつけると、たいてい答えを与えてくれず、代わりにもっと本を読むよう仕向けたものだよ。お前のおばあちゃんとおじいちゃんは、いつも間接的な答えから僕を引き離そうとしていた——たとえ自分たちが信じている答えからであっても僕を引き離そうとした。自分の力で満足できる答えを見つけたことがあったかどうか、僕にはわからない。でも、質問をするたびに、その問いかけは洗練されていくもんだよ。これこそが、お前のおばあちゃんとおじいちゃんというメンターが「政治的に意識している」状態について語るときに言いたかったことの真髄だよ——意識している状態を保つだけでなく行動を絶やさぬということであり、つねに問いかけること、儀式のように決まった手順として問いかけること、確実なものを探すためというより探求そのもののために問いかけることなんだ。僕にはっきりわかることもあった。「黒人歴史月間」にあまりにあからさまに展示されるこの国を補強してきた暴力と、「よう、おたく《ニガー》、元気かよ《ワッツアップ》」という身近な暴力は、無関係ではなかったということだ。そしてこの二種類の暴力は神秘的なものじゃなく、同質のものだし、目論まれたものだったのさ。

でも、正確にはどんな目論見だったのだろうか？　それに理由は？　僕は知らなければならない。僕は脱出しなければならない……だがどこに向かって？　僕が本をむさぼり読んだのは、それがドアの隙間から漏れ出る光だったからであり、そのドアの向こうにはたぶん別の世界があると思ったからだ。「ドリーム」を下支えする恐怖の、僕らの心をわしづかみにする恐怖の届かぬ別の世界がね。

意識がこんなふうに高揚し、真剣に問いかけを行っていたこの時期、僕はひとりではなかった。一九六〇年代に播《ま》かれ、ほとんどの人たちに忘れられていた種が地面から芽を出し、実を結んだからだ。二五年前に亡くなったマルコムXが、生き残った使徒たちの小さな輪からはじけるように飛び出し、世界に戻ってきたんだ。ヒップホップのアーティストたちがリリックの中で彼を引用し、ブレイクのあいだじゅう彼のスピーチの端々をちりばめ、あるいはミュージックヴィデオに彼の肖像を閃かせたりした。これは九〇年代初めのことだ。僕はその頃、実家を出る時期が近づいていて、世間に出てからの自分の生活について思いを巡らしていた。あのころ旗を一枚選ぶことができたとしたら、その旗には、マルコムXの肖像が刺繍されていたことだろう。ビジネススーツに身を固め、ネクタイをぶら下げ、片手でブラインドに隙間を作り、もう一方の手にはライフルを持っている有名な写真だよ。その肖像には僕がそうありたかったものがみなあったんだよ。自制心があったし、知的だったし、恐怖など乗り越えていたんだ。僕はマルコムのスピーチが録音されたカセットテープ――一九六三年一〇月の「草の根《グラスルーツ》へのメッセージ」、翌年四月の「投票権《バロット》か弾丸《ブレット》か」——をノース・アヴェニューにある黒人向け書店エブリワンズ・プレイスで買い、ウォークマンでよく聞いていた。二月の「黒人歴史月間」のヒーローたちの前で感じた不安のすべてが、ここでは本質が抽出され、引用できる形になっていた。「自分の命をあきらめるな、命を大事にしろ」と彼はよく言った。「それでもあきらめなければならないときは、五分五分にまで持っていけ」。これはただのほらではなかった——「本来備わっている善《ベターエンジェルズ》」(これはリンカーンも大統領第一期就任演説で使っていたフレーズだったが)とか漠然とした霊性ではなく、黒人の肉体という神聖なものに根差した平等宣言だった。サモリ、お前が命を大事にしたのは、お前の命、お前の肉体が誰の肉体にも負けず素晴らしかったからであり、お前の血が宝石と同じくらいかけがえのないものだったからだ。だからこれは絶対に魔法のために、「不可知の来世《らいせ》」とやらに感化された霊性のために、引き換えていいものではない。かけがえのない肉体を、バーミングハムの警官たちの警棒にも、ストリートの油断ならない引力にも与えてはいけない。「ブラックイズビューティフル」——これはすなわち、黒人の肉体は美しく、黒人の髪は処理剤やアルカリ液を使ってストレートヘアにするという拷問から守られるべきであり、黒人の肌は漂白から守られるべきであり、僕たちの鼻や口は現代的な整形手術から守られるべきだということなんだ。僕たちはみな美しい肉体なのであり、だから絶対に野蛮人の前にひれ伏してはいけないし、絶対にありのままの自分を、たった一つしかない存在を、汚させたり略奪させたりしてはいけないんだ。

僕がマルコムを愛したのは、学校やその上っ面だけの道徳とも、ストリートやその空威張りとも、

「ドリーマー」の連中たちの世界とも違っていて、マルコムが絶対に嘘をつかなかったからだ。僕が彼を愛したのは、彼が話をわかりやすく伝え、絶対に謎めかせたり難解にしたりしなかったからだし、彼の科学が幽霊や神秘的な神々の活動ではなく物質界の作用に根ざしていたからだ。マルコムは僕が初めて知った政治的プラグマティストであり、初めて耳にした正直な人間だったんだよ。マルコムは、自分を白人だと信じてる人間がぬくぬくとその信条を持ち続けられるようにすることなんぞに、鼻も引っかけなかった。もし怒っていたら、彼はそう言った。もし憎んでいるとしたら、それは奴隷が奴隷所有者を憎むのが人間的だからであり、プロメテウスが自分の肝臓をついばむ鷲を憎むのと同じように自然なことだからだった。彼は誰かのために反対の頬を差し出そうとはしなかった。彼はお前のためによい人間になろうとしたんじゃなかった。彼はお前のための道徳律になろうとしたんじゃなかった。マルコムは自由な人間として語り、想像を巡らすことまで僕たちに禁止している法律など超越した黒人として語った。僕はマルコムと自分を重ね合わせた。彼が学校に苛立ちを覚え、ストリートに身を滅ぼされかけたことは知っていた。けれどもそれ以上に、彼が刑務所で勉強しているあいだに自分自身を見つけ、出所したのちは、昔からある力を巧みに用いて、自分の肉体を自分自身のものだとして語ったのを知っていた。「君が黒人なら、君が生まれたのは刑務所の中だ」とマルコムは言った。そして僕は、避けなければならなかったブロックや、歩いて下校する途中で見つかってはいけない時間帯や、自分の肉体を支配していない状態から、彼の発言が真実だと感じた。ひょっとしたら、僕も自由に生きられるかもしれない。ひょっとしたら、祖先たちに勇気を与え、ナット・ターナー、

Basil Davidson
The African Genius

ハリエット・タブマン、グラニー・ナニー、クジョー、マルコムXの中に息づいていたのと同じ昔からの力を用いて、僕も自分の肉体を自分のものだとして語ることが——いや、行動することができるかもしれない。そう思ったんだよ。

僕の更生はマルコムと同じように、読書を通じて、みずからの学びと探求とを通じて果たせるだろう。ひょっとしたら、いつかその成果のようなものを執筆できるかもしれない。僕はそれまでの人生ですでに学校の定めた範囲を超えて本を読み、文章を書いてきた。その頃にはもう、下手だけどラップのリリックや詩を書きなぐっていた。当時の雰囲気は、古いもの、本質的なものへの回帰を求める声に満ちあふれていた。古いもの、本質的なものとは、自分たちの中の、過去から猛ダッシュをしてアメリカ社会に入り込もうとするあいだに置き去りにしてきた部分のことだった。

この欠けているもの、この失われた本質が、街角にたむろする少年たちについてや、（テリー・ティトのヒット曲の題名にもなっているよね）「赤ん坊が赤ん坊を生む」ことについての説明になっていた。コカイン中毒者のような父親たち、HIVからマイケル・ジャクソンの漂白された肌に至るまでのすべての説明になっていた。欠けているものは、僕たちの肉体が略奪されていることに関係していたし、自分たちを守る手や自分たちを支える脊柱や自分たちを導く頭など、なんであれ自分自身の所有権を主張すると争い事になってしまうという事実に関係していた。これは一九九五年の「百万人大行進」の二年前のことだったな。僕は毎日のようにアイス・キューブの「デス・サーティフィケイト」というアルバムをかけていた。アルバムの中の「デス」の冒頭に、「自分の人生を生きさせてくれ。もう自分の人生を生きることができないなら、黒人の解放と救済のために自分の人生を捧げさせてくれ」とあった。僕は、「アイズ・オン・ザ・プライズ」という、公民権運動をテーマにしたテレビドキュメンタリーシリーズのブラックパワーに関するエピソードは週に一度は観た。僕は父さんの世代の影に、（ブラックパンサーの幹部と党員で一九六九年にふたりそろって警察とＦＢＩに射殺されたが）フレッド・ハンプトンとマーク・クラークに、取りつかれていた。マルコムの犠牲とされた肉体に、アッティカ刑務所暴動やストークリー・カーマイケルに取りつかれていた。僕が取りつかれていたのは、こう思っていたからでもあった――僕らは自分自身を、COINTELPRO（ＦＢＩの対破壊者情報活動）や、黒人の逃亡や、ドラッグによって台無しにされたその頃へ置いてきちゃったんで、クラックの時代となった今、僕たちにあるのは恐怖だけだ、とね。「クールに生きろよ《キープイットリアル》」という呼びかけのなかに僕が聞き取ったのはそういうことだった。たぶん僕らは自分自身へ、僕たち自身の根源であるストリートへ、僕たち自身のタフさへ、僕たち本来のナチュラルな髪へ戻るべきなんだろう。たぶん僕らは「メッカ」へと戻るべきなんだろう。

僕の唯一の「メッカ」はハワード大学だったし、それは昔も今もこれから先も変わらないよ。このことは何度もお前に説明してきたね。お前は、ちゃんと聞いてるよ、理解してるよと言うけれど、僕の「メッカ」のパワーを、お前が使う今どきの言葉遣い、かき集めたような言葉遣いに置き換えられるかどうかなあ。置き換えるべきかどうかさえ、自信がないよ。僕の務めは、お前が自分の道を歩むのを認めつつも、僕自身が歩んだ独自の道について僕が理解してることがらを、お前に伝えることだ。お前は、僕がお前のおじいちゃんのような黒人にはなりえなかったのと同じで、僕のような黒人にはなりえない。それでも、お前のようなコスモポリタンの少年にとっても、あそこでなら見つけられる何かがあると言いたいんだよ——あそこは基地であり、最近のこの世相でも、アメリカという嵐の中にある港なんだ。たしかに僕には郷愁や伝統によってバイアスがかかっている。お前のおじいちゃんはハワード大学で働いていた。お前のダマーニおじさんやメネリクおじさん、クリスおばさんやケリーおばさんは、みなハワード大学の卒業生だ。僕がお前のお母さんに出会ったのも、お前のベンおじさん、カミラおばさん、チャナおばさんに出会ったのも、ハワード大学でなんだからね。

　僕が入学したのはハワード大学だったけど、人格が形成されたのは「メッカ」によってだったな。ハワード大学と「メッカ」は、つながってるが同じじゃないんだ。ハワード大学は高等教育機関であり、ＬＳＡＴ（法科大学院進学適性試験）だのマグナクムラウデ（優秀卒業成績）だの、友愛会《フラタニティ》のファイベータカッパだのに関係している。「メッカ」の方は、アフリカ系のすべての民族の人々の「ダークエナジー」を惹きつけ凝縮し、それを学生の肉体に直接注入するために作られた「仕組み《マシーン》」なんだ。「メッカ」は、ジム・クロウ法の時代に黒人の才能をほぼ独占していたハワード大学の遺産からそのパワーを引き出しているんだよ。そして、ほかの歴史を持つ黒人向けの学校の大半が、かつて南部連合だった広大な荒れ野に点在する砦だったのに対し、ハワード大学はワシントンＤＣ——異名はチョコレート・シティだが——にあり、そのおかげで連邦政府の権力にも黒人のパワーにも近かった。その結果が、分野も世代も超えて活躍する卒業生や教授陣だ——チャールズ・ドルー、アミリ・バラカ（もとリロイ・ジョーンズ）、サーグッド・マーシャル、オジー・デイヴィス、ダグ・ワイルダー、デヴィッド・ディンキンズ、ルシール・クリフトン、トニ・モリソン、クワメ・ツレ（もとストークリー・カーマイクル）。歴史とロケーションと卒業生が組み合わさって「メッカ」——黒人ディアスポラの交錯する場——を生み出したんだよ。

僕が初めてこのパワーを目撃したのは、「ヤード」という、キャンパスの中心にあって学生たちが集まる広い芝生の共有スペースでのことだ。その「ヤード」で僕は、黒人である僕自身に関して知っていることのすべてが増幅され、見たところ果てしのないヴァリエーションとなってゆくのを目にしたんだ。ビジネススーツを着たナイジェリアの貴族階級の御曹司たちが、紫色のウィンドブレーカーを来てなめし革のティンバーランドシューズを履いたスキンヘッドの女役のゲイたちと拳と拳を突き合わせる挨拶をしていた。アフリカン・メソジスト・エピスコパル教会の牧師たちの肌の色がそう黒くない子どもたちが、オーザル・オーセット協会の聖職者たちと議論をしていた。ムスリムに改宗したカリフォルニア州出身の女子学生たちは、生まれ変わって、ヒジャブとロングスカートを身に着けていた。ネズミ講の詐欺師たち、キリスト教系のカルト集団、モルモン教の狂信者たち、それに数学の天才たちもいた。まるでボブ・マーレイの「レデンプション・ソング」を、音色や調子が異なる一〇〇通りの演奏で聴いているようなものだった。そしてこのすべてを覆っているのが、ハワード大学そのものの歴史だ。前にここにいた、トニ・モリソン、ゾラ・ニール・ハーストン、スターリング・ブラウン、ケネス・クラークを始めとする錚々たる先達《せんだち》の歩いた跡をそのままに、自分が文字通りたどっていることを僕は知っていた。「メッカ」――時空を超えた黒人の広大な世界――は、キャンパス内を二〇分も歩けば経験できた。僕は「メッカ」の広大さを、フレデリック・ダグラス記念講堂前で立ち話をする学生たちの中に見た。そこでモハメド・アリは、彼らの父母たちに向かってベトナム戦争に反対するよう訴えたんだ。僕は「メッカ」の偉大な進歩を、アイラ・オールドリッジ・シアターの脇にいる学生たちに見た。そこでダニー・ハサウェイが歌い、そこでドナルド・バードがフュージョングループをつくったんだ。学生たちはサクソフォンやトランペットやドラムを手にやってきて、「私のお気に入り」や「いつか王子様が」を演奏した。ほかの学生の中にはピンクやグリーンの衣装を着てアラン・ロック・ホールの前にある芝生で詠唱し、歌い、足を踏み鳴らし、手をたたき、ステップを踏む者たちもいた。女子寮のタブマン・クオッドラングルからルームメイトと縄跳び用の縄を持ってくる者たちもいた。ドルー・ホール寮から来て、キャップを上向きにかぶり、バックパックを片腕にひっかけて、韻を踏んだ歌とビートボックスとを聞こうとするなかなかの人だかりに加わってゆく者たちもいた。女子学生の中には旗竿のそばに座る者もいて、彼女たちのストロー・トートの中にはベル・フックスやソニア・サンチェスの本が入っていた。男子学生の中には、新しく付けたヨルバ名を名乗り、フランツ・ファノンを引用してこうした女子学生たちの気を何とか惹こうとする者もいた。ある者はロシア語を勉強していた。ある者は3Dの人体模型ソフトで勉強をしていた。パナマ人がいた。バルバドス人がいた。それに、僕が一度も耳にしたことがない場所から来た者もいた。けれども、誰もが溌剌としていて信じられないほど素晴らしく、僕らはみな同じ種族《トライブ》の出身だったのにエキゾチックでさえあったんだ。

　黒人の世界が僕の目の前で広がっていった。そしていまや僕には、黒人の世界は、自分たちを白人だと信じている者たちの世界の単なる陰画《ネガ》ではないということが見てとれた。「白いアメリカ」は、僕たち黒人の肉体を支配し、管理するための独占的なパワーを守ろうと勢揃いしたシンジケートだ。このパワーはときにはリンチのように直接的であるし、ときには金融機関における融資差別《レッドライニング》のように陰険だ。だけどどんなふうに見えても、支配して独占するパワーは「白人であるという信条」にとって重要であり、そのパワーがなくなると「白人」そのものが根拠を失って存在しなくなるだろう。もちろん、これまでの歴史を通じてずっと存在していたように、いつになっても直毛で青い目の人間たちはいるだろう。しかしこうした直毛で青い目の人間の一部は「黒人」として扱われたのであり、このことが彼ら白人の世界と僕たち黒人の世界のあいだの大きな違いを示している。僕たちが囲い込み《フェンシング》を選んだわけじゃない。それは、できるだけ多くのアメリカ人を奴隷にしようと躍起になったヴァージニアの植民者たちによって、僕らに課されたんだ。彼らこそが、たとえ自分たち自身の青い眼をした息子たちが鞭打たれながら生きることになろうとも、「白人」なるものを「黒人」なるものから切り離す「一滴規定《ワンドロップルール》」を思いついたのさ。その結果が「黒人《ブラックピープル》」という一つの民族《ピープル》の創出であり、よって黒人はあらゆる肉体的な多様性を体現しているし、黒人の身の上話はこうした肉体的な幅の広さを映し出しているんだよ。「メッカ」を知ってはじめて、僕ら自身の人種隔離された国家の中で、自分たちがコスモポリタンであることを僕は目《ま》の当たりにした。黒人ディアスポラは僕ら自身の世界にとどまらず、じつにさまざまな形で、西洋世界そのものだったんだ。

さて、ヴァージニアの植民者の跡継ぎたちは、この遺産をそのまま受け容れることも、その遺産のパワーを考慮に入れることも絶対にできなかった。そのためマルコムが僕らに守るように訴えたあの美しさ、ブラックビューティーが、僕が子どものころに見た映画やテレビや教科書の中で讃えられることはいちどもなかった。重要な人物はみな、イエスからジョージ・ワシントンに至るまで、白人なんだ。だからお前のおじいちゃんとおばあちゃんとは、ターザンもローン・レンジャーも、白人の顔がついたおもちゃも、家では禁じたんだよ。ふたりとも、「トリビアル・パースート」（クイズ・ボードゲームにあるだろ？）のカテゴリーの一つという違和感を覚えるやり方でいつも表現されたけど、おセンチな「初もの」としてしか黒人のことを語らない歴史書には反発していたものだったよ――初の黒人陸軍元帥、初の黒人連邦議会議員、初の黒人市長、ってわけさ。まじめな歴史とは西洋の歴史であり、西洋とは白人だった。このことは、昔読んだソール・ベローという小説家からの引用のなかに、僕にとってまさにエキスとして表されていたよ。どこで、いつそれを読んだのかは覚えていない――もうハワード大学に通っていたことだけは思い出せるんだけどな。「ズールー族のトルストイは誰だ？」とベローは当てこすった。ズールー族にトルストイがいたら、パプア人にプルーストがいたら、我々は彼らの本をきっと読むだろう、ってね。トルストイは「白人」だから「重要」だった。ほかの白いものすべてが「重要」なのと同じにね。そして物事に対するこうした見方は、彼ら白人に代々受け継がれてきた恐怖や、剝奪されるんじゃないかという感覚につながっていた。僕たちは黒人だった。目に見えるスペクトルとも無縁、文明とも無縁な黒人だった。僕たち黒人の歴史が劣っていたのは僕たち黒人が劣っていたからで、つまるところ僕たち黒人の肉体が劣っていたということだ。そして僕たち黒人の劣った肉体に、西洋を築いた白人の肉体へのものと同じ敬意が払われる可能性はありえなかった。それだから、もし僕たち黒人の肉体が文明化され、改良されて、クリスチャン的なまっとうな用向きに使われるなら、そのほうが良くはないのか、って話になるんだよ。

この理論とは逆のものとして、僕にはマルコムがいた。お前のおばあちゃんとおじいちゃんとがいた。それに『ザ・ソース』とか『ヴァイブ』といった雑誌を毎号読んでいた。僕がそうした雑誌を読んだのはブラック・ミュージックが好きだったからだけじゃなく——ブラック・ミュージックは好きだったなあ——文章そのものが好きだったからだ。グレッグ・テイト、チェアマン・マオ、ドリーム・ハンプトンといった、僕よりわずかに年上なだけの書き手が、僕たちのアート、僕たちの世界を分析するために、僕にも本能的に理解できた新しい言語をつむぎ出していたんだ。これは、それ自体が、僕たちの文化、ひいては僕たちの肉体の重要性と美しさとを擁護するものだった。そしていまや毎日「ヤード」で、理論の問題としてだけではなく実証できる事実として、僕はその重要性を感じ、その美しさを見ていた。だから僕はどうしてもこの証拠を世界に向かって伝えたかった。なぜなら、僕にはまだ完全には把握できていなかったとしても、より大きな文化がブラックビューティーを消そうとするのは、黒人の肉体の破壊と密に関わっている、そう感じたからなんだよ。

必要とされていたのは、僕たちの闘争というレンズを通して伝えられる、新しい物語であり、新しい歴史だった。僕は以前からこのことを知っていた。マルコムの言葉から新しい歴史の必要性を聞きとっていた。父さんの蔵書の中にその必要性が述べられているのも読んでいた。そうした書籍の壮大な題名の背後にある約束の中にも、それは表れていたしね――『太陽の子どもたち』（ジョージ・ウェルス・パーカーの一九一八年の作品）、『古代クシ帝国の素晴らしいエチオピア人たち』（ドルシラ・ダンジー・ヒューストンの一九二六年の作品）、『文明のアフリカ起源』（チーク・アンタ・ディオップの一九六七年の作品の英訳本）、って風にね。そこには僕たちの歴史だけではなく世界の歴史があり、僕たちの気高い目的を達成するための武器として使えるようになっていた。そこには僕たち自身の「ドリーム」――「黒人という人種」の「ドリーム」――の、またアフリカの過去に深く根ざしていた僕たち自身のトルストイたちの、原初からある素材が見出せたんだよ。過去のアフリカでは、僕たち黒人がオペラを書き上げ、秘密の代数学を開発し、装飾を施した壁やピラミッド、巨像、橋、道路などを始め、いろんな発明を生みだしていた。当時の僕はそうしたことが、ある人間の家系が文明につらなっている要件をなすと考えていた。連中に自前のチャンピオンがいたように、僕たちのチャンピオンもどこかにいたはずだった。その頃には、僕はチャンセラー・ウィリアムズ、J・A・ロジャーズ、それにジョン・ジャクソンの著作を読んでいた――僕たちの新しく気高い歴史の中核となる正典の書き手たちだった。彼らに教えられて僕は、マリ帝国のマンサ・ムーサが黒人だったこと、エジプトのシャバカが黒人だったこと、アシャンティのヤア・アサンテワアが黒人だったことを知った――そして、「黒人という人種」は、僕の考えでは、太古の昔から存在していたもの、実在するものであり重要なものだった。

ハワード大学に入学したとき、チャンセラー・ウィリアムズの一九七一年の作品『黒人文明の破壊』は僕のバイブルだった。ウィリアムズ本人が、一九六六年までハワード大学で教鞭をとっていた。僕が彼の著作を読んだのは一六歳のときで、それは数千年におよぶヨーロッパ人による略奪という大理論をうち立てていた。この理論は、僕の抱えていたいくつかの難問を解いてくれたし――そこが民族主義の利点なんだろうね――、また僕に僕自身のトルストイを提供してくれたよ。僕はンジンガ女王について読んだのさ。彼女は一六世紀に中央アフリカを統治し、ポルトガル人に抵抗していた。僕は彼女がオランダ人と交渉した折りの話について読んだ。オランダ大使が彼女に椅子をすすめず恥をかかせようとしたとき、ンジンガは顧問団の一人に四つん這いになるよう命じ、彼女の肉体のために人間椅子を作らせることでみずからの権力を見せつけたんだ。この種の権力を僕は探していたのだし、僕たち自身の王族の物語は僕の武器になった。その頃僕が基礎としていた理論では、すべての黒人は追放された王たちであり、元々の名や堂々たるヌビア人文化から切り離された元祖である男たちで構成された民族である、とみなしていたんだよ。もちろん、これは「ヤード」をじっくり観察した結果として得たメッセージだった。僕たちほどばらばらに広がり、僕たちほど美しい民族が、かつてどこかに存在しただろうか？

僕にはもっと本が必要だった。ハワード大学では、かつてお前のおじいちゃんが働いていたムーアランド・スピンガーン・リサーチセンターに最大級の蔵書コレクションがあった。ムーアランドには公文書、論文、収蔵品があったし、これまでに黒人が執筆した書籍や黒人について書かれた書籍は実質的になんでもそろっていた。「メッカ」で過ごした中でももっとも意義のある時間の使い方として、僕はシンプルな儀式に従った。ムーアランドの閲覧室に入り、三冊の図書を借りるために三枚の請求票に記入する。長テーブルの一つに着席する。それからペンと作文練習帳を取り出す。本を開いて読みながら、読んだ内容に関するメモや、新しく覚えた語彙、そして自分自身で考え出した文を作文練習帳に書いてゆく。僕は午前中には図書館に到着して、請求票を三枚同時に提出し、教室や「ヤード」で耳に挟んだすべての著者の作品を借りた。たとえばラリー・ニール、エリック・ウィリアムズ、ジョージ・パドモア、ソニア・サンチェス、スタンリー・クロウチ、ハロルド・クルーズ、マニング・マラブル、アディソン・ゲイル、キャロリン・ロジャーズ、エザーリッジ・ナイト、スターリング・ブラウン、といったようにね。生きとし生けるものを理解するための手がかりは「黒人の美学《ブラックエスセティック》」と「黒人性《ネグリチュード》」の正確な違いを述べることにある、と考えていたことを思い出すよ。厳密に言って、どのようにしてヨーロッパはアフリカを発展させないままにしたのか？　僕は知らなければならなかった。そして、もしエジプト第一八王朝のファラオたちが今日《こんにち》生きていたら、彼らはハーレムに住むだろうか？　僕はすべてのページを吸収しなくちゃならなかったんだよ。

僕はこういったことを調べるにあたって、歴史には一本筋の通った説があって、議論する余地はなく、ひとたび発見されたら僕がつねづね疑問に思っていたすべてのことをたちどころに証明してくれるものと想像していた。煙幕は晴れることだろう。そして学校やストリートを操っていた悪党どもは正体を現すだろう、とね。けれども知るべきことはあまりに多く、網羅すべき土地は広大だった――アフリカ、カリブ海諸国、南北アメリカ、アメリカ合衆国。そしてこれらの地域すべてに、歴史書や、壮大な文学作品、フィールドワーク、民族誌があった。どこから手をつけたらいいんだろうか？

手をつけてほとんどすぐに問題が起きたよ。僕が見出したのは首尾一貫した伝統が足並みそろえているのではなく、派閥、さらには派閥内派閥だったんだ。ゾラ・ニール・ハーストンはラングストン・ヒューズと戦い、W・E・B・デュボイスはマーカス・ガーヴェイと争い、ハロルド・クルーズは誰とでも喧嘩をした。僕は自分で制御できない大型船のブリッジにいるような気分だった。なぜならC・L・R・ジェームズが大波となり、バジル・デヴィッドソンが渦巻きとなって僕を船から放り出そうとしたからだ。ほんの一週間前に信じたことや、ある本から得たアイデアが、別の本によって粉々に砕かれることもあった。僕たちはアフリカから受け継いだものを何か持ち続けていただろうか？　E・フランクリン・フレイジャーは、すべては破壊され、この破壊こそが僕たち黒人を捕獲した者たちの恐ろしさを示す証拠だと言う。メルヴィル・ハースコヴィッツはユダヤ人移民の息子だったが、アフリカから受け継いだものは今も生き続けていて、このことこそが僕たちアフリカ人の精神の復元力を証《あか》していると言う。二年生になる頃には、フレデリック・ダグラスの唱えるアメリカへの統合と、マーティン・ディレイニーの唱える民族主義への逃避のあいだで右往左往するのが、典型的な一日となってしまったよ。いずれにせよ、おそらく両者ともが正しかったんだろう。僕はパレードを見られるものと期待していた。整然と行進する戦士たちの閲兵式が見られるだろう、とね。ところが、僕の前に残されたのは先人たちの乱闘騒ぎや、反対反対と叫ぶ者たちの群で、彼らはときには一緒に行進するものの、同じくらいお互いそっぽを向いた方向へと行進していた、ってわけさ。

僕はよく読書の合間に休憩をとり、通りに並ぶ屋台まで歩いて行き、「ヤード」に戻ってランチを食べた。僕がしじゅう思い描いたマルコムは、肉体を独房につながれたまま書物で勉強し、視力と引き換えに逃走する力を得ていた。そして僕も、マルコムのようにつながれていると感じていた。僕の場合には、自分自身の無知に、ただの手段以上のものじゃないと気づいていなかった問いかけの数々に、理解不足に、そしてハワード大学そのものに、だったけどね。結局のところ、ハワード大学はやっぱり学校だった。僕は物事を追究し、いろいろなことを知りたかったんだけど、自然と生じた知るための手段を、教授たちの期待に合わせられなかったのさ。知識の追究は、僕にとっては自由を意味したし、自分自身の好奇心を宣言しありとあらゆる書物を通して好奇心に従う権利だった。僕は図書館向きの人間であって、教室向きではなかったんだよ。教室は、他人の関心が詰まった刑務所だった。図書館は開放的で、限りがなく、自由だった。ゆっくりと、僕は自分自身を発見しているところだった。マルコムの中で最良の部分が道をさし示してくれた。マルコムはつねに変化し、つねになんらかの真実に向かって進化していたが、その真実は究極的には彼の生命や、彼の肉体の限界を超えてしまったんだよ。僕は自分が活動しているのを感じていた。依然として自分の肉体を完全に所有するのを目指しはしていたが、それ以前には思いもよらなかった別のルートをたどっていたんだ。

　僕は一人で探究していたわけではなかった。僕はお前のベンおじさんと「メッカ」で出会った。ベンおじさんは、僕と同じだった。彼の出身地の都市も、日常生活が「ドリーム」とあまりにもかけ離れているために何らかの解釈が必要とされるところだった。ベンおじさんも僕も、この隔たりの性質とその起源を研究するために「メッカ」に来たわけだった。僕は彼と、健全な懐疑主義と、読書によってなんとか道を探れるだろうという深い信念を共有していた。女性たちは彼が大好きで、しかもそこは愛されるにはもってこいの場所だった――というのも、ハワード大学の「ヤード」以上に美しい女性たちの集まりを見られる場所は地球上にはないと言われていたし、僕たちもまったくその通りだと思っていたからさ。そしてある意味で、これさえも探究の一部だった――黒人の肉体的な美しさは、歴史的・文化的に僕たち黒人が持っている美しさのすべてが具現化したものだからだね。お前のベンおじさんは僕にとって生涯の旅の道連れとなったし、僕は気づいたんだよ――そもそも黒人たちはいやおうなく旅を経験していたがゆえに道のりの長さを知っていたから、黒人たちといっしょに旅行して回ることには何か特別なものがあるってことにね。

　僕はよく市中まで歩いてゆき、講演会や本のサイン会、それに詩の朗読会でほかの探究者たちと知り合ったもんだよ。僕はまだ下手な詩を書いていた。僕はこの下手な詩を地元のカフェの自由参加のステージで読み上げたが、そこにいたのは、たいていが「やはり自分の肉体は安全ではない」と感じている詩人たちだった。こうした詩人たちはみな僕より年長で賢く、彼らの中にはよく読まれている者もたくさんいたし、その知恵で僕や僕の作品に影響を与えてくれた。……肉体の喪失という言葉で、僕は「具体的には」何を言おうとしたのか？　そしてすべての黒人の肉体がかけがえのない一つしかないものだとしたら、もしマルコムの言うことが正しくて命を大切にしなければならないとしたら、どうしたらこのかけがえのない命の数々をただの集合体だと、略奪の形も定まらぬ残滓だとみなすことができるだろうか？　どうしたら「ダークエナジー」のスペクトルに、一本一本の光線とは違って特別扱いをすることができるだろうか？……こうしたものは、どうやって文章を書くかについて、つまりはどうやって思考するかについてのノートだった。「ドリーム」は、一般化したり、考えうる問いの数を制限したり、即答するのを認めるところで肥大化するものなんだ。「ドリーム」はあらゆるアート、勇敢な思考、そして正直な文章の敵なんだ。そしてこれは、アメリカ人が自分たちを正当化するためにでっちあげた夢にだけじゃなく、それと置き換えるために僕が魔法で呼び出した夢にも当てはまることが明らかになった。僕はそれまで、外の世界を正確に描写して、文明に対する白人の主張をカーボンコピーしなければならないと考えていた。その主張そのものの論理を問うべきだという気持ちが、僕の中に生まれ始めていた。僕は、お前のおばあちゃんに植え付けられた自分自身を吟味することを忘れてしまっていた。もう少し正確に言えば、その吟味の持つ、深くて生涯にわたる意味を理解できていなかった。僕は自分自身の人間性、自分自身の抱える傷とか怒りに油断を怠らぬことをやっと学び始めたところだった――プレッシャーをかけられている状態は、人を気高くするのと同じように人に誤った信念を与えることに、まだ気づいていなかったってわけさ。

僕が愛するようになったアートは、この空隙に、まだ知りえないものの中に、痛みの中に、問いかけの中に生息していた。年長の詩人たちは、この空隙からエネルギーを引き出したアーティストに触れさせてくれた――バッバー・マイリー、オーティス・レディング、サム&デイヴ、C・K・ウィリアムズ、キャロリン・フォーシェイだ。年長の詩人たちには、エセルバート・ミラー、ケネス・キャロル、ブライアン・ギルモアがいた。ここで重要なのは、彼らの名前をお前に伝えること、僕が何かを一人で成し遂げたことは一度もなかったことをお前に知ってもらうことだ。僕はジョエル・ディアス－ポーターと同席したことを覚えている。彼はハワードに在籍したことはなかったが、「メッカ」でロバート・ヘイデンの詩「中間航路」を一行余さず検討していたところを見かけた。そして僕は、ヘイデンがうわべでは何も言っていないように見える中で苦心してどれほど多くを語ろうとしていたかに驚愕したよ――ヘイデンは、そうした言葉を逐語的には書かずとも喜びや苦悩を想起させることができたし、そうした言葉はスローガンではなくまさに絵となってゆくんだったからね。ヘイデンは中間航路を運ばれる奴隷にされた人々を、奴隷にした者の視点から想像した――それ自体が僕にとっては幻覚《トリップ》だった。なぜ奴隷にした者に発言権が与えられるのか？　だけど、ヘイデンの詩は語りはしなかった。ヘイデンの詩は魔法をかけていたんだ。こんな風にね。

お前は睨むことで　あの憎しみを消し去りはできないし
見張りにしのびよる恐怖を　鎖につなぎとめることもできない

僕はどんな奴隷船にも乗ったことがない。いや、ひょっとしたら乗ったのかもしれないな。なぜって、ボルチモアで僕が感じたことのじつに多くを、つまり辛辣な憎しみや、朽ちない願望や、時間を超越した意志を、ヘイデンの詩の中に見たからだ。そしてそれはマルコムの中に聞き取ったものでもあったが、マルコムのはけっしてこんな風じゃなかった――ヘイデンの詩は静かで、純粋で、飾り気がなかった。僕は詩の作り方を学んでいる最中だったけど、実際にはこれは遠い昔に僕の母さんが教えてくれたことを凝縮したやり方だった。母さんが教えてくれたのは、考える手法として文章を書く業《わざ》だったからね。詩は真実をむだなく表そうとする――不正確で役立たない言葉は切り捨てなければならないし、それらの不正確で役立たない言葉は不正確で役立たない思考と別個のものではないことに僕は気づいた。詩は概念を転写しただけのものではなかった――美しく文字を綴ってみると、概念の転写ってことにはまずならないんだよ。僕は書くことを身に着けたいと思っていて、それはかつてお前のおばあちゃんが僕に教えてくれたように、究極的には、それまで通りに自分自身の無知や正当化と向き合うことだった。詩作とは、正当化という鉱滓《スラグ》がそぎ落とされ僕が冷徹な鋼鉄《スティール》のような真実を得るまで、自分の思考を加工することだった。

こうした真実を、僕はこの都市の至るところにいるほかの詩人たちの作品から聞き取った。それらは小さくて確かなものから成っていた。おばやおじたちとか、セックスのあとの一服とか、玄関前の階段で保存用ガラス瓶《メイソン・ジャー》から酒を飲む少女たちとかね。こうした真実は黒人の肉体をスローガンの先へと運んでゆき、色彩や質感を与え、そうすることで僕が「ヤード」で見たスペクトルを映し出していたんだ――どれだけ僕が、銃や革命についての頭韻を踏んだスピーチ、古代アフリカの失われた諸王朝に向けた賛歌を連ねても、そのスペクトルをそれほどまでに映し出すことはできなかったなあ。こうした朗読会のあとは、詩人たちはUストリートにたむろしたり、カフェに集まってあらゆること――書物、政治、ボクシングを始めとしてね――について論じるのが普通だったんで、僕もそれについていった。そして彼らの議論は僕がムーアランドで見出していた不協和音の連続をさらに強めたが、僕は、不協和音や議論や混沌やたぶん恐れさえも、一種のパワーとみなすようになった。僕は、ムーアランドで感じる不安の中や、自分の頭が混乱した中で生きていくことを学んでいった。僕を苛む不快感、混沌、知的な意味のめまい感は、危険を知らせているんじゃなかった。それは僕を導いてくれる灯台だったんだよ。

　僕は感じ始めていたんだよ。僕の教育の段階は、不安と言える状態を迎えていた。僕の教育の段階は、こうした過程だった――僕だけの特別な「ドリーム」が与えられないどころか、アフリカ、アメリカ、ほかのどこでもいいが、夢も慰めとなる神話もことごとく破壊され、僕自身には極度に不快な人間性だけが残される過程、さ。そして外界では、僕ら黒人のあいだにさえ、恐ろしいことがたくさん存在した。このことはお前に理解してもらわなきゃならないんだよ。

　たとえば当時、ワシントンDCのすぐ郊外に、黒人たちが住む大きな飛び地《エンクレーブ》があったことを僕は知っていた。彼らはほかの誰にも負けず、自分の肉体を支配しているように見えた。この飛び地とはプリンス・ジョージズ郡――地元では「PG郡」と呼ばれてるね――で、僕の目から見ればとても裕福だった。そこの住人はテレビ放映されたニュースで僕がかつて見ていたのと同じような家に住み、そこには同じような裏庭、同じようなバスルームがついていたんだからね。彼らは黒人で、自分たちを代表する政治家を選出したんだが、こうして選ばれた政治家たちがアメリカのどこにも劣らず悪辣で物騒な警察を監督していたことを、僕は知った。僕の世界を外に向けて開いてくれたのと同じ詩人たちから、PG郡についての話をいくつも聞いていたからだ。こうした詩人たちが断言するには、PG郡警察は警察どころか、法律を隠れ蓑にして活動する、私掠船《プライヴァティーア》の船乗り・ギャング・ガンマン・略奪者だったという。彼らがこのことを教えてくれたのは、僕の肉体を守りたいと思ってくれたからだ。けれども、ここにはもう一つ別の教訓があった。黒人であって美しくもあるからといって、悦に入ってはいられない、ってことさ。黒人だからといって、歴史の論理に対する免疫や「ドリーム」の魅力に対する免疫がついたわけではなかった。僕は次第にライターの仕事を増やしていたが、ライターたるもの、どの「ドリーム」にもどの民族にも警戒しなければならなかった。自分自身が属する民族に対しても、だよ。ひょっとしたら、まさに自分の民族だからという理由で、何より自分が属する民族に警戒しなければならなかったのかもしれないな。

自分が本当の意味で自由になるには、黒人という民族の「トロフィーの展示ケース」以上のものが必要だと僕は感じ始めていた。それに関してはハワード大学歴史学部に感謝しているよ。歴史学の教授陣は、僕の神話の探究は失敗する運命にあり、僕が自分に言い聞かせようとした物語を真実に一致させることはできない、そう告げることに何の痛痒も感じなかったんだからね。実際、僕が歴史を武器のように扱っていることに気づかせるのは自分たちの義務である、そう彼らは感じていた。彼らはそれまでにじつに多くのマルコム信奉者を見ていたので、準備万端だったんだ。彼らが取った手法は手荒く、直接的なものだった。黒い肌は本当に気高さをもたらしたのか？　つねにそうだったか？「はい」と僕は答えた。それでは数千年ものあいだ奴隷制を実践し、サハラの向こうへ、その後は海の向こうへと奴隷たちを売った黒人たちはどうか？「トリックに引っかかった犠牲者です」と僕は答える。その人間たちが、文明をすべて生み出した黒人の王たちと同じ人物などということがあるのか？　そうであれば、彼らは銀河系から追放された主人であると同時に、騙されやすい傀儡だったということか？　それから、君は「黒人」と言う言葉で何を意味したのか？「それはほら、黒人です」と僕は言う。君はこれを遠い過去にまで続く時間を超越したカテゴリーだと考えたのか？「そうですけど？」と僕は訝《いぶか》しむ。君にとって肌の色が重要だからという単純な理由で、つねにそうだったと想定することはできるものかね？　そんなぐあいのやり取りだったのさ。

僕は「中央アフリカについての概説講義」をとったことを覚えている。担当教授のリンダ・ヘイウッドは細身で眼鏡をかけていて、トリニダード島の人間特有の軽快な口調で、ハンマーを打ち鳴らすように僕みたいな若い学生たちに畳みかけたものだから、僕たちはアジ演説と綿密な研究の区別がつかなかった。彼女が語るアフリカにはロマンチックなところはまったくなかった。正確には、僕がアフリカについて考えていたような意味合いでは、ロマンチックなところはなかった。そして彼女はその調子でンジンガ女王――僕のトルストイ――という遺産《レガシー》にまで遡った。僕がその生涯をトロフィーの展示ケースに並べたいと願ったまさにあのンジンガに、だよ。けれども、ンジンガが女性の背中を椅子にして交渉を行った話をしたとき、彼女はその話にファンタスティックな脚色をまったく施さずに語り、おかげで僕はその話にひどい不意打ちを食らった――何世紀も昔に交渉の行われた部屋にいた人々のあいだに置けば、気の向くままに破壊することができ、ストリートでは危険に晒され、学校では恐怖に怯えていた僕の肉体なんぞは、女王に近いどころか、彼女の顧問の肉体のほうにごく近い存在だったのだ。自分の目に映るものすべてを継承した女王が座れるよう、四つん這いになって椅子にされた顧問のほうにね。

僕は「一八〇〇年以降のヨーロッパについての概説講義」もとった。そこで見た黒人は「白人」の目を通して示されていて、僕が一八〇〇年以前に見ていたどんな黒人とも違っていた――それまでに見ていた黒人は威厳のある人間的なものに見えていたんだがね。僕はアレッサンドロ・デ・メディチのやさしい顔立ちや、東方の三博士の一人としてヒエロニムス・ボスの絵に描かれた黒人の王侯のようなたたずまいを今も思い出せる。一六世紀から一七世紀にかけて世に出されたこれらの絵画と対比されたのは、奴隷制後に描かれた、僕がずっと前から知っていた「ちびくろサンボ」的な戯画《カリカチュア》だった。両者は何が違うのだろうか？　「アメリカ概説」の講義では、アイルランド人が同じように貪欲で好色でサルのように描かれている絵画もやはり見ていた。ここからたぶんが続くことになるよ。たぶんほかにも、あざ笑われ、恐怖に支配され、危険に晒されていた肉体があったんだろうな。たぶんアイルランド人もかつては肉体を失ったんだろうな。だけど、たぶん「黒人」とレッテルを貼られることは、そんなことには何も関係がなかったんだろうな――たぶん「黒人」というレッテルは、底辺にいて、主体性を奪われた存在《オブジェクト》にされた人間、主体性を奪われるだけでなく不可触民《パーリア》とまでされてしまった人間に貼られたものだったんだ。

　こうやってつぎつぎと理解が深まってゆくことはプレッシャーだった。僕はそれらが身体的にも痛みをともなうし、消耗もしてしまうことに気づいた。なるほど、僕は、どんな知的な探求にも必ずついて回るめまいがするような感覚を楽しむようになりつつあった。けれどもあの初めの時期には、絶えず現れる矛盾のせいで憂鬱な気分に陥ったものだよ。僕の肌には神聖なところも特別なところもなく、僕が黒人なのは、歴史と遺産のせいだった。転落すること、拘束されること、抑圧されて生きることにはなんら気高さはなかったし、黒人の血にも、生来備わっている意味などなかった。黒人の血は黒くはなかったし、黒人の「肌」でさえ黒くないんだ。そして、民族のトロフィーの展示ケースが欲しかったことや、ソール・ベローの基準に則って生きたいと願ったことを振り返るようになって、この欲求は逃避ではなくまたしても恐怖だったんじゃないかと感じたものだ――「彼ら」、つまり宇宙を生み出し相続するとされる者たちが正しいのでは、という恐怖だ。そしてこの恐怖があまりに深くしみこんでいたために、僕ら黒人は文明と人間性に関しての彼らの基準を受け容れてしまったんだ。

　だけど、僕たち全員がそれを受け容れたわけじゃなかったな。たしかその頃だったと思うが、僕が発見したラルフ・ワイリーのエッセイでは、そのなかでベローの当てこすりにこう応じていた。「トルストイは、ズールー族のトルストイだ」とワイリーは論じた。「人類の普遍的な財産を種族《トライブ》の専有物として囲い込むことに利益を見出すのでないかぎりは」。そこが問題だったんだ。僕はベローの前提を受け容れてしまっていたんだ。実際のところ、ベローのトルストイとの距離も、僕とンジンガとの距離と変わらないものだったのにね。そして、もし僕とンジンガの距離の方が近いとしたら、それは僕がそうしようと選んだからであり、ＤＮＡに書きこまれた運命だからじゃない。僕が犯した大きな間違いは、他人の夢を受け容れていたことではない。僕が犯した大きな間違いは、夢が事実であるという申し立てを、逃げたいという欲求を、他人がつくりあげたまやかしの人種というものを受け容れていたことだった。

それにもかかわらず、自分たちが「たいした人間」だし、仲間《トライブ》であることを僕は知っていた——一方はつくりごとであり、他方はまさしく現実だったがね。現実のほうは、「ヤード」で過ごすその春初めての暖かい日に存在した。その日には、どこからも——セクター、小さな町村、グループ、郡、そして広大なディアスポラの地のすみずみ——とびきりの国際的なパーティーのために代表が送り込まれたかのようだった。そんな日々が、まるでアウトキャストの歌のように、渇望と喜びに彩られていたのを今でも思い出す。スキンヘッドでサングラスをかけたタンクトップ姿の男が、ブラックバーン学生センターの向かい側に立っているが、筋肉隆々の肩に長いボアをかけている。ストーンウォッシュのジーンズをはき、ドレッドヘアーを後ろにまとめた女性がそれに気づき、男をあきれたような目で見ながら笑っている。僕は図書館の外に立ち、共和党が議会を制したこととか、ウータン・クランのヒップホップグループ内での立ち位置などについて議論している。「トライブ・ヴァイヴズ」のロゴ入りTシャツを着ためかし屋が歩いてきたので拳と拳を合わせて挨拶し、僕たちはその季節に開催される黒人のフェスタであるバッカナール——フリークニク、デイトナビーチ、ヴァージニア・ビーチのバッカナール——について語り、今年こそは足を運んでみようかと考える。いや、やめよう。だって必要なものはすべて「ヤード」に揃っているのだから。僕たちがここで有頂天になっていたのは、自分たちが生まれた苛烈な町、春の初めの日々には恐怖が織り交ぜられていた場所を覚えているからだ。そして今、ここ「メッカ」では、僕たちは恐怖を感じることもなく、ずらりと並ぶダークなスペクトルになっている。

　これが、僕が大人になって最初の日々だった。一人暮らしをして、自分で料理をして、好きなときに出かけ帰宅し、自分の部屋を持ち、もしかしたら今では僕のまわりじゅうにいる美しい女性たちの一人を連れて帰るチャンスだってあるかもしれなかった。ハワード大学に入学して二年目に、僕はカリフォルニア州出身のかわいい女の子に夢中になった。彼女は当時、長いスカートをはいてヘッドラップを巻き、しょっちゅうキャンパスを飛び回っていた。彼女の大きな茶色い瞳、大きな口、それに涼しげな声は今でも覚えている。こんな春の日々に僕はよく「ヤード」で彼女を見かけ、彼女の名前を大きな声で呼び、アメリカンフットボールのタッチダウンの合図みたいに——でもそれよりも広く——両手を挙げた。「元気かい？」《ワッツアップ》の頭文字の「W」を表していたのさ。その頃は、それが僕たちのやり方だった。彼女の父親はバンガロール出身だったが、それはどこにあるんだろうか？　そこでは法律はどうなっているのかな？　僕はまだ、自分自身の問いかけの意味を理解していなかった。僕が覚えているのは、自分が無知だったことだ。彼女が手を使って食事をするのを見て、自分がフォークを使うのがまったくがさつに思えたことを覚えている。どうして彼女がスカーフをたくさんまとっているのかを不思議に思ったことを覚えている。また、彼女が春休みにインドに行き、にこやかに笑うインド人のいとこたちと一緒に写した写真を持って、額にはビンディをつけて戻ってきたことも覚えている。彼女に「よう《ニガ》、どうだい」と言ったのは、その頃はそれしか言えなかったからだ。けれども彼女の美しさと静けさは、僕の心の平衡を崩した。僕の小さなアパートの部屋で、彼女が僕にキスをすると、地面がぱっくり口を開いて僕を飲み込み、その瞬間にその場で僕を埋めてしまったのだ。彼女のことを思いながら、いったいいくつ出来の悪い詩を書いただろうか？　今なら、僕にとって彼女がどんな存在だったかわかる――初めて目にしたスペースブリッジであり、ワームホールであり、しばりつけられ目隠しをされたこの惑星を離れるための銀河系のポータルだったんだ、ってね。彼女はほかのさまざまな世界を見たことがあり、素晴らしいことに、彼女の黒い肉体という器のなかにはほかの世界の血が流れていた。

それから少しあと、似たような感じで、僕はふたたび別の女の子に恋をした。背が高く、ドレッドヘアーを長くたらした子だ。彼女はペンシルヴェニア州にあるほとんど白人ばかりの小さな町で、ユダヤ人の母親に育てられた。そして今、ハワード大学では、女性と男性の中間にいて、そのことに誇りを持っていただけでなく、まるでそれがノーマルなことであるように、そうまるで彼女こそノーマルであるかのようにそのことを断言していたんだよ。今のお前にとってその手のことが何でもないことなのはわかっているが、僕は、心の奥底にある本能の赴くままに人を愛した人間には残酷な仕打ちをするのが一種の法律だった土地――アメリカ――の出身だった。僕は驚いた。黒人がこんなことをするんだろうか？　するとも。しかも、その程度じゃきかないことを彼らはしていたんだ。長いドレッドヘアーの女の子は、ある男性と住んでいた。白人女性と結婚しているハワード大学の教授とだ。その教授は男たちと寝た。教授の妻は女たちと寝た。そして二人は夫婦でも寝た。二人には小さな男の子がいて、今はもう大学生になって家を出ているに違いない。男性の同性愛者を表す「ファゴット」が、僕がそれまでの人生で使っていた唯一の言葉だった。それがここでは「カバル」とか、「カヴン」とか、「ジ・アザーズ」とか、「モンスター」とか、「アウトサイダー」とか、ファゴットとか、「ダイク」とかいろんな言葉があったけど、言葉の本来の意味合いとは違って誰もが人間の服装をしていた。僕は黒人で、今まで略奪されてきたし、自分の肉体を失ってきた。だけど、おそらく僕にも略奪をする能力が備わっていて、もしかしたらほかの人間の肉体を奪うことでコミュニティ内における自分自身の立場を確認するかもしれない。ひょっとしたら、すでにそうしたことをしていたのかもしれないな。憎しみはアイデンティティを与えるもんだ。ニガー、ファゴット、ビッチという蔑みの言葉は、境界を際立たせ、表向き自分たちはそうでないということを際立たせ、白人であるという「ドリーム」、「男らしい男」であるという「ドリーム」を際立たせる。僕たちは憎まれている異分子を名指しし、それによって仲間《トライブ》のあいだで承認を得る。もっとも、僕の周りでは、仲間は離散し、再編されているところだった。僕がこうした人々をよく見かけたのは、僕が愛した女の子の家族だったからだ。彼らが当たり前に過ごしている時間――戸口で応対したり、キッチンで料理をしたり、アディナ・ハワードの曲に合わせて踊ったり――が僕に襲いかかり、人間のスペクトルに関する僕の概念を押し広げた。僕はよく件《くだん》の家のリビングルームに座って、彼らのプライベートな冗談を観察したものだ。半面では僕は彼らを批判し、半面ではさまざまな変化にめまいを覚えていたんだよ。

彼女はいろいろな新しい愛し方を教えてくれた。僕はお前には違う向き合い方をしようとしてきた――「メッカ」んが恐ろしい折檻で支配していた。僕はお前には違う向き合い方をしようとしてきた――「メッカ」で愛情の示し方がごまんとあることを知ったことがきっかけとなって生まれた考えだ。何がきっかけだったか教えよう。そう、ある朝目覚めると、軽い頭痛がした。時間が経つにつれて、頭痛はひどくなる。歩いて仕事に行く途中で、講義に向かうこの女の子に出会った。僕がひどいありさまに見えたのか、彼女はアドビルという頭痛薬をくれ、そのまま行ってしまった。午後も半ばを過ぎると、僕は立っているのもやっとだった。そこで指導教官に電話をした。彼が来てくれたとき、僕は貯蔵室で横になっていた。ほかにどうしたらいいかわからなかったからだ。怖かった。何が起きているのかわからなかった。誰に電話をしたらいいのかもわからなかった。僕は高熱に浮かされて横たわり、朦朧とする意識の中で、早くよくなってくれと念じていた。指導教官がドアをノックした。誰かが会いに来ているという。彼女だった。長いドレッドヘアーの女の子は、僕が外の通りに出られるよう手伝ってくれた。それからタクシーを止めた。途中で、僕はタクシーが走っているというのにドアを開けて、

路上に嘔吐した。それでも、僕が車から落ちないように彼女が支えてくれ、済ませるとしっかり抱いてくれたのを覚えている。彼女は、さまざまな愛し方で満たされた、あの人たちが住む家に僕を連れて行き、ベッドに寝かせ、CDプレイヤーにエクソダスのCDを入れ、ささやくほどの音量に下げた。それからベッドの脇にバケツを置いていってくれた。水差しを置いていってくれた。彼女は講義に出なけりゃならなかった。僕は眠った。彼女が帰宅したときには、具合がよくなっていた。ふたりで食事をした。長いドレッドヘアーの女の子、自分で選んだ人間なら誰とでも寝て、それは自分の肉体を支配しているという彼女なりの宣言だったけど、その彼女が目の前にいた。僕が育った家は、愛と恐怖の間で綱引きが行われていた。やさしさが入る余地などなかったよ。けれども長いドレッドヘアーのこの女の子は、それとは違うものを見せてくれた――愛はやさしさや同情心でありうること、やさしかろうが厳しかろうが、愛とは英雄的な行為だということをね。

　そして僕にはもう、自分のヒーローをどこで見つけられるかが予想できなかった。僕はときおり友人たちとUストリートをぶらつき、地元のクラブでたむろした。当時はバッド・ボーイ・レコードとそこからアルバムを出しているビギー（ノトーリアス・B.I.G.）の時代で、「ワン・モア・チャンス」や「ヒプノタイズ」が流行っていた。僕はとても踊ってみたかったが、ほとんど踊ったことはなかった。僕は子ども時代に自分自身の肉体にどこか恐れを感じたせいで、うまく肉体を動かせなかったのさ。けれども黒人が肉体を動かす様子や、こうしたクラブでまるで自分の肉体でなんでもできるみたいに踊る様子は、よく見ていたものだよ。それに彼らの肉体はマルコムの声のように自由に思えた。外面では、黒人は何一つ支配しておらず、とりわけ自分たちの肉体の運命は支配していなかった。黒人の肉体を警察は力ずくで奪うことができたのだからね。黒人の肉体は銃で殺《け》すこともできたし、それもやり放題だった。黒人の肉体は、陵辱《レイプ》することも、殴打することも、刑務所に入れることもできた。けれどもクラブでは、一杯買えば一杯分おまけがつくラム・コークのおかげか、薄暗い照明という魔法のおかげか、ヒップホップ音楽に魅了されたおかげか、彼らはステップも、首を前に倒す《ノッド》ことも、片足旋回《ピボット》もひとつ残らず完璧に支配している、そう僕には感じられたんだよ。

その頃僕が望んでいたのは、あの踊っていた黒人たちのように、支配、パワー、喜び、温もりを感じながら執筆することだけだった。僕はハワード大学の講義には出たり出なかったりだった。もう旅立ちのときが来たと感じていた。大学は卒業できないとしても、「メッカ」からの卒業を宣言するときだ、とね。僕は地元のオルタナティブ系の新聞で音楽評や記事やエッセイを書いていて、おかげで人と接する機会が増えた。僕には編集者たち——これまた僕にとっての教師たちだった——がいて、彼らはいくらかでも個人的なレベルで、本当の意味で知り合った初めての白人だった。彼らは僕の思い込みなど寄せ付けなかった——彼らは僕のために心配もしてくれなかったし、僕のことを恐れもしなかった。むしろ彼らは僕の気ままな好奇心ややさしさの中に、大事にして活かすべきものを見出していた。そして彼らは僕に、探究者にとっての力強いテクノロジーであるジャーナリズムの技法を授けてくれた。僕は地元のワシントンDCについてレポートしながら、人々が自分にあれこれと語ってくれることに気づいた。かつて僕が標的にされる原因だったそのやさしさが、今では人々が僕を信頼してあれこれ語らずにはいられないよう仕向けていたんだ。信じられなかった。僕は、問いかけが思い浮かんでもそのまま頭の中で消えていった子ども時代の霧の中から、ようやく抜け出たところだった。それが今ではいろんな人に電話をかけ、なぜ人気店が閉店したのか、なぜショーがキャンセルされたのか、なぜ教会はたくさんあるのにスーパーマーケットがこれほど少ないのか、を尋ねることができたんだ。ジャーナリズムは僕に探究用の別の道具、僕の肉体を縛る法律の正体を明らかにする別の方法を与えてくれた。像を結び始めていたんだよ――像を結び始めていたものの「本質」が何かはまだ見えていなかったとしてもね。

ムーアランド・スピンガーン・リサーチセンターでは、さまざまな歴史や伝統を探究することができた。「ヤード」では、これらの伝統が実際に生きているさまを見ることができた。そしてジャーナリズムを手にすると、歴史と伝統の両方について――それどころか自分が気になったことならなんでも――人々に直接尋ねることができた。なにせ、僕の人生のあまりに多くが、知らないことで特徴づけられていたんだからね。なぜ、僕は一〇代の少年たちがセブンイレブンの駐車場に立って銃を引っ張り出す世界に住んでいたのか？　なぜ、僕が知っているすべての親たちと同様に、僕の父さんにとってベルトに手を伸ばすのが当たり前のことだったのか？　そしてなぜ、あちら側では、小惑星帯《アステロイドベルト》の向こうにある別世界では、人生があんなにも違ったものだったのか？　かつて僕のうちのリビングルームに映像が送られてきた人々が持っていて、僕が持っていなかったものはなんだったのか？

僕を変えた長いドレッドヘアーの女の子、僕が愛したくてたまらなかったその子は、ある青年を愛していた。その相手のことを僕は毎日考えているし、この先も一生涯、毎日考えることになると思う。僕はときどき、彼は「つくられし者」だったのじゃないかと思うけど、いくらかの点では彼は今現在「つくられし者」なんだ。なぜって、若者たちが殺されると、彼らにできただろうすべてのこと、彼らから略奪されたすべてのものが、後光となって彼らを照らすからだ。けれども僕はこの青年、プリンス・ジョーンズに自分が愛情を抱いていたことを知っている。それは取りも直さず、彼に会うといつも笑みがこぼれたことを意味する。というのも、彼の周りにいると温かいものを感じたし、拳と拳で別れの挨拶を交わしてどちらかが去らなければならなくなったときには少し悲しい気持ちになったんだからね。プリンス・ジョーンズについて理解しておいてほしいのは、彼がその名プリンスにまったくふさわしいのを示していたことだ。彼はハンサムだった。背が高く、肌は褐色で、やせ気味で、アメリカンフットボールのワイドレシーバーのように力強かった。著名な医師の息子だった。宗教体験で信仰を新たにしていて、僕はそんなあり方を共有はできなかったけど尊重はしていた。彼は親切だった。彼からは気前のよさがあふれ出ていて、誰とでも、どんなことでもうまくやれる才があるように思えた。こんなことは絶対にありえないんだが、なんの苦もなくそうした錯覚を引き起こせる人物はいるし、プリンスもその一人だった。僕には自分が見たこと、感じたことしか言えない。その人物のすべてを知っているわけではないけど、それでも僕たちのなかの温かい気持ちが流れているところに息づいている人たちがいる。そして彼らが略奪されると、彼らが肉体を失って「ダークエナジー」が消散してしまうと、その僕たちのなかの温かい気持ちが流れているところは、深い傷となってしまうんだよ。

僕は最後にもう一度「メッカ」で恋に落ち、シカゴ出身の女の子の魔法にかかって、心の平衡は失ってしまったが、少年期の戸惑いは脱した。その女の子とはお前のお母さんのことだよ。彼女の住まいのリビングルームで、友人たちと一緒に立っている僕たち二人を思い出すな。僕は片手にマリファナたばこ、もう一方の手にビールを持って立っていた。僕はマリファナを吸い込み、シカゴ出身のその女の子に回した。そして彼女の長くて優美な指に軽く触れたとき、僕は衝撃からちょっと身震いをした。彼女はプラム色に塗った唇にマリファナたばこを持っていき、胸いっぱいに吸い込み、煙を吐き、それからもう一度その煙を深々と吸い込んだ。その一週間前に僕は彼女にキスをしたことがあって、今、煙と炎によるこの演出を見ながら（それにもうマリファナの効きめが出ていたから）僕は放心してしまい、自分が煙になって彼女を取り巻き、彼女から吐きだされ、また彼女の中に戻って彼女をハイなままにできたらどんな感じになるかな、と思い巡らした。

彼女は父親の顔を見たことがなく、僕が知っているいろんな人間たちと同じ境遇にあった。当時、僕はそうした男たち——そうした「父親たち」——は誰よりも腰抜けだと思っていた。けれども同時に、この銀河系がいかさまサイコロを振って、僕たち黒人に腰抜けが多くなるよう仕組んだのだとも感じていた。シカゴ出身の女の子はこのこともわかっていたし、それ以上のこともわかっていた——

みなが等しく肉体を奪われるのではないことも、女性の肉体は僕には絶対に本当の意味で知りえない形で略奪の対象にされるようつくられていることもね。そして彼女のような黒人の少女たちは子どもの頃、外見は助けにならないから賢くならなきゃいけないよと言われ、若い女性になると肌が黒い女の子にしては本当にきれいだねと言われた。そんなわけで彼女には、宇宙の不公平を知っているのよ、という雰囲気があった。その宇宙の不公平は、お前のおじいちゃんがベルトに手を伸ばすのを見ながら、リビングルームのテレビに郊外のニュースが入ってくるのを見ながら、金髪の少年たちがおもちゃのトラックやアメリカンフットボールのカードを持っているのを見ながら、世界と僕のあいだにある大きな隔たりをぼんやりとでも感じながら、僕がずっと昔に垣間見ていたのと同じ宇宙の不公平だったんだよ。

僕ら二人のあいだに計画なんてまるでなかった――お前のことでさえそうだったよ。お前が生まれたとき、僕らはどちらも二四歳で、たいていのアメリカ人にとっては当たり前の年齢だったものの、自分たちがすぐに属することになった階層では一〇代の親扱いをされたもんだった。多少の不安をにおわせながら、結婚する予定はあるのかと、しょっちゅう聞かれたもんだよ。結婚はほかの女たち、ほかの男たちから身を守る盾になるとも、汚れた靴下や皿洗いばかりの身をすり減らすような単調な毎日だとも言われた。けれどもお前のお母さんも僕も、結婚はしたのにつまらぬことでお互いを捨てた人間をたくさん知りすぎていた。僕たちにあてはまったのは、いつだってお前が僕たちのかすがいだったということだよ。僕とお前のお母さんは、自分たちの中からお前を呼び出したんだが、お前はそれに対してなんの意思表示もできなかった。それだけの理由だったとしても、お前は、僕たちからできる限りの保護を受けるに値した。この事実に比べたら、ほかのすべてはどうでもよかった。これが重荷に聞こえるとしたら、そうは取らないでほしいな。本当は、僕の持てるすべてはお前のおかげなのだから。お前が生まれる前は、僕が持っていた疑問は、自分に関する疑問だけだった。そう、僕は若い男で、まだ自分自身の人間としてのもろさから逃れられていなかったから、本当にそれしかなかったんだよ。けれども僕は、万一にも今僕が倒れたら僕ひとりのことじゃ済まないというはっきりした事実のおかげで、地に足がついた家庭的な男になったんだ。

少なくとも、これが僕が自分に言い聞かせたことだよ。自分の肉体や家族の肉体の運命を自分の力でどうにかできると信じるのは心地よかった。「お前も男としての責任を果たさなきゃいけないぞ」と僕たちは息子たちに伝えることになっているんだ。「誰だって赤ん坊はつくれるが、本当の男でなければ父親にはなれないんだぞ」ってね。これは、僕もそれまでずっと言われ続けてきた言葉だったなあ。この言葉は、生き延びるための言い回しさ。この言葉は、僕らが本当の男かどうかなんて気にせずに僕らを犠牲にしようとするものに対抗するには、役に立ってくれる神話なのさ。まるで、ずっと自分で自分を支配しているような言い回しだもの。まるで、「ダークエナジー」の略奪が僕たちの銀河系の中心にはないような言い回しだもの。見ようとすれば、そこでは略奪が行なわれているんだけどね。

ある年の夏だったが、僕はお前のお母さんに会うためにシカゴまで旅に出た。友人たちと一緒にダン・ライアン高速道路を走り、初めてステート・ストリート・コリドーを目にした――四マイルにわたって広がる荒廃した公営住宅群だ。ボルチモアでもそこらじゅうに公営住宅《プロジェクト》はあったけれど、ここほど大規模なものはなかったな。シカゴのこの公営住宅群を目にして、モラルの面では災厄だなという思いが浮かんだ――そこに住んでいる人間たちにとってばかりでなく、その地域全体にとっても、毎日その脇を車で通り不本意ながらも我慢して黙認している通勤者たちが住む大都会《メトロポリス》にとっても、災厄だなってね。けれども、興味津々だった僕にしてから、そこの公営住宅群を目《ま》の当たりにする心構えをしていても追いつかないところがあったんだよ。

　お前のお母さんのお母さんが、お母さんの妊娠中に僕たちを訪ねてきたことがある。さぞや震え上がったに違いない。僕らはデラウェア州に住んでいた。家具なんてほとんど何もなかった。僕は学位も手にせずにハワード大学を中退し、フリーランスのライターとしてかつかつの収入で暮らしていた。お前のおばあちゃんが帰る日に、僕は空港まで車で送った。お前が僕の一粒種であるように、お前のお母さんはおばあちゃんの一粒種だよ。お前が育つ様子を見た今なら、彼女にとってお前のお母さんほど大切なものはあるはずがなかったことがわかる。お前のおばあちゃんは僕にこう言ったな。「娘の面倒をみてね」。彼女が車から降りたとき、僕の世界はがらりと変わっていた。僕の人生が、玄関から敷居をまたいでリビングルームに入っていたんだって気がしたのさ。過去はすべて、違った人生だったように思えた。お前の誕生前と誕生後があり、誕生後の僕の人生において、お前はそれまで僕がいちども信じたことのない神だったんだ。僕はお前の前では言うがままだったし、その頃には僕は、ただ自分が生き延びるためだけに生き延びるというんじゃ済まないことがわかっていた。僕はお前のために生き延びなきゃならないんだ、ってね。

お前はその年の八月に生まれた。僕は「メッカ」の大いなるスペクトルに思いを馳せた――ベリーズ出身の黒人、ユダヤ人の母親を持つ黒人、バンガロール出身の父親を持つ黒人、トロントやキングストン出身の黒人、ロシア語を話す黒人、スペイン語を話す黒人、モンゴ・サンタマリアの曲を演奏する黒人、数学が得意で骨のラボで徹夜で奴隷にされた人々の謎を明るみに出そうとする黒人。そこには僕がそれまでに期待していた以上のものがあり、お前にもそれを手に入れてほしかった。完全な形の世界は、学校だけでは、ストリートだけでは、あるいは黒人という民族のトロフィーの展示ケースだけでは、絶対に見つからないことをお前に知ってほしかった。お前には丸ごとの世界を、ありのままの姿の世界を獲得してほしかった。「トルストイは、ズールー族のトルストイだ」という言葉が、お前にとってすぐにピンとくるものであってほしかった。それでも、このコスモポリタンな願いの中にさえ、僕は先祖の昔からのパワーを感じた。なぜなら僕は、先祖たちが創りあげた「メッカ」で知識に遭遇し、先祖たちが起こした闘争によって「メッカ」にいやおうなく引き寄せられたからなんだ。「闘争」はお前の名前サモリの中にもあるんだよ――お前の名前は、みずからの黒い肉体への権利を求めてフランス人植民者たちと戦ったサモリ・トゥーレにちなんでつけたんだからね。サモリ・トゥーレは囚われの身で死んだが、サモリが起こした闘争やそのほかの似たような闘争の果実は僕たちのものなんだよ――たとえ僕たちの闘争の目的が、実際にしじゅうあることだけど僕たちの理解からこぼれ落ちてしまうときでさえね。僕はこのことを、自分からは絶対に選ばなかっただろう民族、黒人のあいだで暮らすことで学んだ。なぜ選ばなかったかっていうと、黒人であることから得られる特権は、いつも自明なものというわけじゃないからだ。ダーリック・ベルがかつて執筆した本の題名に使ったように、僕たちは「井戸の底の顔」なんだよ。けれども本当にこの底には知恵があり、その知恵は僕の人生におけるたくさんの善きものの源なんだ。そしてこの底にある僕の人生が、お前の源なんだよ。

ストリートにも知恵があった。僕は今、昔のルールについて思い出している。そこには、男の子が誰か他の人間が牛耳る危険な界隈で万一襲われた場合には、友人たちが加勢すること、殴られるときはみんな一緒に殴られること、となっていた。今の僕は、この布告《エディクト》の中にあらゆる生き方の手がかりがあることを知っている。僕らの誰も、戦いの終わりに自分の足で立ち、空に拳を突き上げることができると約束されてはいなかった。敵の数や強さ、あるいは武器を、こちらで制御することはできない。ときには、相手にしてはいけない奴を相手にしてしまうこともあった。けれども戦うにしろ逃げるにしろ、仲間と行動をともにしたのは、それが自分たちで制御できる部分だったからだ。絶対にしてはいけないのは、自分の肉体や友人の肉体をやすやすと手渡すことだな。知恵とはそういうものだった。僕たちがストリートの風向きを決めるのではないことは知っていたが、それでもなお、自分たちの歩き方を編み出すことはできたし、編み出さなきゃならなかった。そしてこれこそがお前の名前サモリが持つより深い意味だ——闘争そのものに意味があるんだよ。

その知恵は僕たち黒人に特有のものではないが、集団的陵辱の結果として生まれた者たちや、さらわれた後に奴隷保険をかけられ証券とされるグループに選《よ》り分けられた先祖を持つ人間たち、つまり僕ら黒人には、特別な意味があるんだと思う。僕はどの人間も唯一無二の存在として尊敬するようお前を育ててきたんだし、お前はそれと同じ尊敬の念を過去にまで広げなければいけない。「奴隷制」は漠然とした肉の塊ではない。それは具体性を持った、奴隷にされた女性のことだ。彼女の頭脳はお前自身の頭脳と同じように活発に働くし、感情はお前の感情と同じように豊かだ。彼女は森の中の特別な場所に光が降り注ぐその感じが好きだし、近くの小川の水が渦を巻く場所で釣りを楽しんだりもする。彼女は彼女なりのまわりくどいやり方で母親を愛し、姉妹の話し声がうるさすぎると考え、お気に入りのいとこがいて、お気に入りの季節があって、婦人服の仕立てが得意で、心の中では自分が誰にも負けないくらい知的で有能であることを知っている。「奴隷制」とは、次のような世界に生まれた、これと同じ女性のことだ――自由を愛することを高らかに宣言してそれを基本文書に刻み込む世界、それを宣言する同じ連中がこの女性を、彼女の母親を父親を娘を奴隷として所有し、この女性が振り返って何世代も目を凝らして見ようとすると目に入るのは奴隷にされた人々だけしかいないという世界にね。彼女はもっと多くを望むことができる。孫たちのためになんらかの未来を思い描くことができる。けれども彼女が死ぬと、世界は――実際に彼女が知りうる唯一の世界は――終わってしまう。この女性にとって、奴隷であることは寓話《パラブル》ではない。地獄に落ちることだ。明けない夜だ。そしてその長い夜が、僕たち黒人の歴史の大半を占める。僕たちがこの国で奴隷にされていた年月が、自由になってからの年月より長いことを絶対に忘れてはいけない。二五〇年の間、黒人は鎖につながれるべく生まれてきたことを忘れてはいけない——どの世代の後にも鎖しか知らない世代が続くだけだったんだよ。

お前はこの過去を、ニュアンスも誤りも人間性も洩れなく含めて、本当の意味で記憶しようと努力しなきゃいけない。神の掟という心休まる説明へと、何らかの抗しきれない正義をほのめかすおとぎ話へと向かわせるありふれた衝動に対しては、認めないようにしなきゃいけない。奴隷にされた人々はお前が進む道に敷かれた煉瓦ではないし、彼らの生涯はお前の救済の歴史を構成する章ではないんだからね。彼らはアメリカという機械のための燃料に変えられてしまった人々だった。彼らには奴隷制は終わるものとは思えなかったんだよ。それに、どんなに改善されていようとも僕たち黒人の現在の状況をもって、過去の人々の命の救済になっているなんて絶対に主張しちゃいけないよ——彼らは、「子どもたちのために死んだ」というあの世にいってからの栄光すら、求めることができなかったんだからね。僕たちが勝利しても、彼らの手に入らなかった栄光を贖《あがな》うものにはならないんだよ。おそらく僕たちの勝利など、重要でさえない。おそらく僕たちにあるのは闘うことだけだ。なぜなら歴史の神は無神論者だし、歴史の神の世界では何も予定されてはいないんだから。だから、お前は毎朝、破られない約束なんか一つもないということを承知で目を覚まさなきゃならない——そもそもいちばんに目を覚ますという約束だけどね。これは絶望ではないんだよ。宇宙そのものの優先順位がそうなんだよ——名詞よりも動詞を、状態よりも行動を、希望よりも闘争をという優先順位なのさ。

よりよい世界の誕生が究極的にお前の肩にかかっているわけではないが、毎日のように「いや、君の肩にかかっているんだ」と伝える大人たちがいることは僕にもわかっている。まさにそうした連中がそうした振る舞いをするがゆえに、世界には救済が必要なんだ。僕は皮肉屋ではないよ。僕はお前を愛しているし、世界を愛しているし、ほんの少しでも発見があるたびに世界がますます好きになる。けれどもお前は黒人の少年で、黒人でない少年たちには知りようのないやり方で自分の肉体に責任を持たなければならない。実際のところ、お前はほかの黒人の肉体が起こす最悪の行動にも責任を持たされるはめになる。どういうわけか、そんなことさえ、いつでもお前のせいにされるからだ。それから、お前は権力を持つ人間たちの肉体にも責任を持たされるはめになる――警棒でお前を叩きのめす警官は、お前のこそこそした挙措動作のなかにすぐに言い訳を見出すだろうからね。そしてこれはお前だけに限られた話ではない――お前の周りにいる女性たちは自分の肉体の責任を持たなければならず、そのやり方はお前には絶対に知りえないんだよ。お前はカオスと折り合いをつけなければならないが、嘘をつくわけにはいかないんだよ。連中が僕ら黒人からどれほど多くを奪ったか、僕ら黒人の肉体そのものをどうやって砂糖やタバコ、棉花や金《きん》に換えたか、それをお前は忘れちゃいけないんだよ。

II

おれたちの世界は、音に溢れている
おれたちの世界は、誰の世界よりも素晴らしい
おれたちが苦しみ、殺し合って
浮き浮きしてはいられないときがあってもな

おれたちは美しい人間だ
仮面とダンスと高まる歌声にことかかぬ
アフリカ人の想像力を持った
アフリカ人の目と鼻と腕を持った美しい人間だ
欲しいものが太陽だというのに
凍える場所に　灰色の鎖に繋がれ腹這っていてもな

アミリ・バラカ（「カアバ」）

お前が生まれるほんの少し前だったが、ＰＧ、つまりプリンス・ジョージズの郡警察に車を路肩に停止させられたことがあった。ワシントンＤＣの詩人たちが口をそろえて気をつけろと言っていた、その警察だ。警官たちは車の左右から近づいて来て懐中電灯を窓越しに向けてきた。連中は僕の身分証明証を取り上げてパトカーへと戻っていった。僕は恐れおののいてそこに座っていた。その頃までには詩人たちから受けた警告に、自分で得た情報がつけ加わっていた。僕は新聞に記事も書いていたし、むろん新聞を読んでもいたから情報は入ってきたんだよ。それで僕は、ＰＧ郡の警察はエルマー・クレイ・ニューマンを殺しておいて、その後でエルマーが監房の壁に自分で頭をがんがん打ちつけて死んだんだ、と主張したことも知っていた。それから警察がゲイリー・ホプキンスを撃っておいて、警官の銃を奪おうとしたからだ、と言っていたこともね。そしてまた、フレディー・マッカラムを打ちのめして半分失明させたのに、床が腐りかけていたせいだと強弁したことも知っていた。警官が整備工の首を絞めたり、建設現場の作業員を撃ったり、容疑者をショッピングモールのガラス扉越しに投げこんでしまったりといった話を、報道で読んでいたものだ。僕は連中が、目に見えぬ宇宙時計によって動かされてでもいるように、えらく規則的にこうしたことをやってのけるのを知っていた。警官が走行中の車を撃ったり、武器を持たない人間を撃ったり、背後から撃ったりしておきながら、それでいて自分たちこそ銃弾にさらされていたのだと言い張ったのも知っていた。銃を発射した警官たちは捜査の対象になるが、嫌疑を晴らされ、すぐにストリートに戻り、そこで彼らはますますつけあがってまた銃を撃つことになった。アメリカの歴史のその時点で、ＰＧ郡の警察ほど銃を撃った警察はなかったんだよ。ＦＢＩはＰＧ郡の警察に対し複数の捜査をしたし、それもときとして同じ週になんてこともあった。警察署長はなんと昇給で報われた。そうしたもろもろのことが、連中に命運を握られたまま運転席に座っている僕の頭の中に蘇っていた。同じ撃たれるにしても、ボルチモアの方がましだった。そこでなら「ストリート」の正義があり、誰かが殺した人間を呼びつけて釈明させる可能性もあった。だけど、ここでは警官たちが僕の肉体を支配していて僕の肉体を自分たちの好き勝手にできたし、仮に僕が生き延びて連中が僕の肉体に何をしたかを説明したところで、そんな訴えには何の意味もなかったろう。警官の一人が戻って来た。警官は僕に免許証を返してよこした。僕を止めた理由は何も説明しなかったよ。

そうして九月に、僕は『ワシントン・ポスト』紙を手にとって、ＰＧ郡警察がまた人を殺したことを知った。殺されたのが僕だったかもしれないと考えざるをえなかったし、そのときには生後一ヶ月経っていたお前を抱きながら、そんな死に方をしたら僕だけの問題じゃ済まないということがわかっていた。見出しを見た限り、警察のその蛮行は、その当時にはしごくありふれているものに思えた。その記事には翌日も続報があって、もう少し細かく読んでみると、殺されたのはハワード大学の学生だとわかった。知り合いかもしれないと思ったが、そのときはそれ以上気に留めなかったな。そして三日目になって、記事と一緒に写真が載ったので、僕は初めはちらと眺め、そして今度はその顔写真をまじまじと眺めた。そこにいたのは彼だった。彼は、まるでシニア・プロムに出席するようなフォーマルな服装だったし、永遠の若さに閉じ込められているようだった。彼の顔は褐色で細面で美青年だったが、その顔にはプリンス・カーメン・ジョーンズの率直で穏やかな微笑みが浮かんでいるのが見て取れた。

そのあとのことはよく覚えていないんだよ。よろけたんだと思う。記事のことをお前のお母さんに話したんだと思う。そして、例の長いドレッドヘアーの女の子に電話をかけてほんとうかどうか確認したんだと思う。彼女は泣き叫んでいたように思う。はっきり思い出せるのは、そのとき感じたことだ。怒りと、ウエストボルチモアの持っていた「引力」だった。僕をむりやり学校へ、ストリートへ、空隙へと向かわせたあの引力だ。プリンス・ジョーンズはそれを乗り越えたというのに、連中は彼の命を奪った。その殺人を正当化するどんな説明が載っていても信じないのが自分でもわかっていたのに、僕は座ってその記事を読んでみた。詳しいことはほとんど書かれていなかった。プリンス・ジョーンズはＰＧ郡の警官に撃たれたんだが、それもＰＧ郡ではなく、ワシントンＤＣでさえなく、ヴァージニア州北部のどこかでだった。プリンスは、フィアンセに会おうと車を走らせていた。そしてフィアンセの家までほんのわずかというところで殺された。殺人の目撃者は、殺害した本人だけだった。警官は、プリンスがジープで自分を轢こうとしていたと主張したし、検察官がその言葉を信じるのは間違いなかった。

何日か経ってから、お前のお母さんと僕はお前を乗せてワシントンDCまで車を走らせ、お前のことはお前のおばさんのカミラのもとに預けて、プリンスの葬儀に向かった。場所はハワード大学構内のランキン・チャペルだった。そこで僕は、かつて、ジョゼフ・ロウリー、コーネル・ウエスト、カルバン・O・バッツらの活動家や知識人が次々と現れ、説教壇で教えを垂れるのを驚嘆しながら見守っていたものだ。たくさんの旧友に再会したはずだが、誰だったかは思い出せない。覚えているのは、みながプリンスの敬虔さ、イエスは自らとともにあるという篤い信仰について話していたことだ。大学の学長が立ったまま涙をこぼしていたことも覚えている。プリンスの母親のメイブル・ジョーンズ医師が息子の死について、安楽な郊外の暮らしを捨てて活動に身を投じよとの神の思し召しととらえています――そう話したことも覚えている。僕の耳には、プリンスを撃ち殺した警官へ許しを与えるよう求める幾人かの声が入ってきた。僕はこうしたことの何もかもについて漠然とした印象を思い出せるだけだよ。だけど、これまでいつも、同胞の嘆きの儀式に強い違和感を感じてきたことは自分でもわかっている。そして、そのときにはそれをことさら強く感じたのは間違いないな。警官を許すべきだという言葉は、僕の心にまるで響かなかった。というのも、その時点でさえ、不完全なかたちであったとはいえ、プリンスはただ一人の警官に殺害されたんじゃなく、この国と、誕生のときからこの国を特徴づけてきた無数の恐怖に殺害されたんだ、とそこまでは僕の理解は及んでいたからだよ。

このごろ、「警察の改革」という言葉が流行ってきたね。そして、社会の名において任命された僕らの守護者たちの行動が、大統領からそこらを歩いている人たちまで広く関心を惹くようになってきた。お前も多様性《ダイヴァーシティ》の話とか、感受性トレーニングとか、ボディカメラのことは聞いたことがあるんじゃないかな。どれも素晴らしいものだし、適用できるものさ。けれど、この問題はそうしたものだけで解決できるほど根の浅いものではないし、却《かえ》って、国民が自分たちの姿勢と、自分たちが任命した守護者の姿勢は別ものだというふりをするのを許すことになる。真実は違う。警察はアメリカそのものの意志と恐怖とをみごとに反映しているし、それに、この国の刑事司法政策をどう考えてみても、弾圧的な少数の者たちによって押しつけられたものだなどという解釈はありえない。そうした政策に付随して起こっている乱用、つまり、無秩序に刑務所が増えてゆく状態、黒人のでたらめな拘留、そして容疑者への拷問は、民衆の意志の生んだものなんだ。よって警察に異を唱える行為は、アメリカ国民に異を唱えるのと同じことになる。国民は自分で恐怖を増幅させ、武装した警察をゲットーに送り込む。その恐怖は、自分たちを白人であると考える人間たちに、都会を捨てて「ドリーム」へ逃避させたのと同じ恐怖だ。警察で厄介な点は、連中がファシストの豚なことじゃなくて、この国が、多数代表制主義者の豚どもによって支配されていることなんだよ。

ランキン・チャペルに座っていたそのときでも、僕にはまだ表現まではできずとも、こういったことがいくらかわかってきてたんだ。だからプリンス・ジョーンズを殺した者を許すなんてのは、僕には見当違いに思えたわけなのさ。殺害者は、プリンス・ジョーンズの国アメリカの抱くもろもろの信条が直接に表現されたものだったからだよ。それに、キリスト教の神を意識はしつつも拒絶するなかで育てられたので、僕にはプリンスの死になんら崇高な意図など見出せなかったんだ。僕はこう信じていたし、今でもそれは変わらないんだが、僕らの肉体は僕ら自身であり、僕の魂は神経単位《ニューロン》や神経繊維《ナーブ》を通じて処理される感情の激しさであり、僕の魂は僕の肉体そのものなんだ。プリンス・ジョーンズはこの世にたったひとりの存在だったが、連中はその肉体を破壊し、肩と腕を焦がし、背中を切り裂き、肺も腎臓も肝臓もずたずたにした。僕は一回限りしかない命とその肉体だけを信じてそこに座っていたんで、自分が異端者のように感じていた。プリンス・ジョーンズの肉体を破壊するという罪に対して、僕には許しなど考えられなかったんだよ。参列者たちがこうべを垂れて祈りを捧げるなか、プリンス・ジョーンズの死による空隙から答えは返ってこないと信じていた僕は、彼らから隔てられていたんだよ。

　数週間が過ぎた。事件の吐き気をもよおさせるような詳細が、だんだんと明らかになっていった。警官は嘘つきで有名な男だった。その一年前には、証拠をでっち上げて容疑者の男性を逮捕していたので、検察は彼が関わった事案の起訴はすべて取り下げねばならなかった。警官は降格になったものの復職が認められ、やがて職務継続でストリートに出るようになった。続報を通じて、話の全体像が浮かびあがってきた。警官はおとり捜査のため薬《ヤク》の売人の格好をしていた。そして身長五フィート四インチ、体重二五〇ポンドの男を尾行する任務に就いていた。検死報告により、プリンスが身長六フィート三インチ、体重二一一ポンドだったことがわかっている。本命の男がのちに逮捕されたこともわかっている。プリンスの嫌疑は晴れた。どれもこれも、どうでもよい話だ。その警官は上司の命令でメリーランド州からプリンスを追い、ワシントンDCを抜け、ヴァージニア州へと入り、そしてそこでプリンスへ向けて何度か発砲したことがわかっている。銃を突きつけてプリンスと向かい合った警官が、バッジを携帯していなかったことがわかっている。プリンスにジープで轢かれそうになったから撃ったと供述していることがわかっている。この射殺事件捜査の任にあたった当局がその警官の取り調べをほとんどせず、他方プリンス・ジョーンズのことは全力をあげてくまなく調べあげたことがわかっている。この捜査からは、プリンス・ジョーンズがなぜ学究の徒から警官殺しへといきなり進路を変更したのか、動機についての情報は何ひとつ提出されなかった。最大限の権限が認められていたその警官は、負う責任は最小限のものだった。なんの罪にも問われなかった。誰からも罰されなかった。そして仕事に復帰したんだよ。

プリンスがそうされたように、犯罪者風の装いの男に、異なった法的な管轄地域を次から次へと追いかけられるのがどんな気分か、ぼくは何度か想像してみた。恐ろしかったよ。なぜって、家族の待つ自宅のすぐそばで、銃を持ったそんな風な男が向かってきたらどう対処しただろうかわかっていたからね。「あたしの赤ちゃんの面倒をみてね」。お前のおばあちゃんはそう言っていたが、それはつまりは「あんたの新しい家族の面倒をみるのよ」ということだった。だけどこのとき僕は気づいたんだ。僕が気をつけてどうにかなる限界に、僕の警戒の及ぶ範囲に気づいたんだ。ヴァージニア植民地ができたときからの古い敵のせいで、僕の心に刻み込まれていたのにね。「メッカ」で出逢った美しい黒人たちに、その多彩さに、彼らの髪に、話す言葉に、身の上や出身地に、すばらしい人間性に思いを馳せてみた。けれどそうした特徴のどれひとつとして、彼らが略奪の標的となり、黒人世界の引力に囚われることを免れさせることはできなかった。そのとき頭の中に浮かんできたのはこんなことだった。お前もこの現実からは逃れられず、この世にはお前を狙うひどい輩どもがいて、僕にはそいつらを止めるすべがない、ってね。プリンス・ジョーンズは、僕の抱えるそうした果てしない恐怖の究極の姿だった。敬虔なキリスト教徒で、孜々《しし》として励む家系の御曹司で、二倍行儀良くする点では守護聖人のプリンス・ジョーンズでさえが永遠に囚われてるなんてことがありうるなら、いったい誰が逃れることができるって言うのかい？　それに、略奪されるのは、プリンスひとりに留まらない。彼に注がれた際限のない愛を考えてほしい。モンテッソーリ法の授業や音楽のレッスンを考えてほしい。彼をフットボールの試合やバスケットボールの大会、リトルリーグへ連れて行くのに使ったガソリンと、すり減ったタイヤを考えてほしい。お泊まりパーティーをアレンジするのに費やした時間を考えてほしい。誕生日のサプライズパーティーや昼間の保育、ベビーシッターの持って来る推薦状の確認のことを考えてほしい。『ワールドブック』や挿絵入りの『チャイルドクラフト』といった百科事典類のことを考えてほしい。家族写真を撮るために切られた小切手のことを考えてほしい。ヴァケーションのために請求されたクレジットカードの金額のことを考えてほしい。サッカーボール、科学学習キットとか化学実験セット、運動競技場、鉄道模型のことを考えてほしい。交わしたすべての抱擁を、内輪のジョーク・習慣・挨拶・名前・夢のすべてを、その肉と骨の器に注がれた黒人一家の知識と能力のすべてを考えてほしい。そして、その器が奪われ、コンクリートのうえで砕け、その神聖な中身が、彼に注ぎ込まれてきたすべてが、流れ出して大地へ還ってゆくことを考えてほしい。父親のいなかったお前のお母さんのことを考えてほしい。父親に捨てられたお前のおばあちゃんのことも、父親に取り残されたお前のおじいちゃんのことも考えてほしい。そして、プリンスの娘さんが今やその重苦しい系譜に図らずも連なり、生まれ持っていた権利——彼女の父親という器、二五年にわたる愛情でいっぱいになった器、彼女の祖父母が投資し、彼女にとっては受け取るべき遺産となるはずの器——を奪われたことを考えてほしい。

その晩僕は、お前を抱きながら、アメリカ黒人なら誰もが世代を超えて感じてきた恐怖に戦《おのの》いていたんだよ。父さんのことが、そして父さんのあの呪文《マントラ》のような言葉が、ようやく身に染みて理解できた。「おれがあいつをたたいといてやらなきゃ、警察がたたくことになるんだぞ」。電線、延長コード、しつけ用の鞭……すべてが理解できた。黒人は、ある種の強迫観念に駆られて子どもを愛するものだ。お前は僕らの持っているすべてだ。そしてお前の誕生は、先行きお前が生き延びてゆけるかどうか危ぶまれるということだ。アメリカが作った「ストリート」にお前が殺されるのを見るくらいなら、僕らは自分でお前を殺すほうを選ぶだろう。それが肉体を所有していない人間の抱える哲学だ。それが、何も思いどおりにできず何も守れない人間の抱える哲学だ。自分たちのあいだの犯罪者を恐れるだけじゃなく、守護する職業に伴う道徳的威信とやらをふりかざして威張り散らす警察をも恐れている人間の抱えている哲学だ。お前が生まれてようやく、僕はお前のおじいちゃんの愛情や、お前のおばあちゃんが僕の手をしっかり握って離さなかったことを理解した。お前のおばあちゃんは、僕がアメリカという銀河系そのものに殺されかねないこと、そうなれば僕のすべてが砕け散り、お前のおばあちゃんの宝ものが道路のへりに安物の強化ワインのようにこぼれて消えてしまうのを知っていたんだ。それでいて、誰かがその責任をとることはない。なぜなら、僕の死は人間のせいじゃなく、見えざる神が深遠な判断に基づいて無垢な国に課した「人種《レース》」という、不幸な、けれど変えようのない事実のせいだからだ。地震に召喚状を送りつけることはできない。台風の進路が起訴状で変わったりはしない。警察がプリンス・ジョーンズを殺した警官を職務に復帰させたのは、その男が殺人者なんかじゃなかったからだ。男は自然界の作用の一つに過ぎなかったし、僕らの世界の物理的な法則のしがない執行者だったんだよ。

　この一件を通じて、僕の中の恐怖は怒りへ変わった。そのとき熾《さか》った怒りが、今僕を突き動かしているし、生きてるかぎり僕の心を怒りでかき乱すことだろう。僕にはまだ、ジャーナリズムという武器が残っていた。この期《ご》に及んで、僕は書くことで応えたのだ。そんなものでも持っていたのは幸運だったよ。ほとんどの人間は、こうした茶番もうのみにして笑うほかないはめに陥るのだからね。僕はプリンス・ジョージズ郡警察の歴史を綴った。これほど重要に感じられたものは、それまでなかったな。手始めにわかっていたことがある。プリンス・ジョーンズを殺した警官が黒人だったことだ。この警官に人殺しの権限を与えた政治家どもも黒人だった。黒人政治家の多くが、人並み優れた連中もたくさんいるだろうに、事件を気に留めていないように見えた。いったいこれはどうなってるんだ？　大いなる神秘の呼ぶ声に導かれ、ムーアランド・スピンガーン・リサーチセンターに舞いもどったかのような気分で、僕は調査を続けた。とはいえこの頃には閲覧請求はもう必要なかったな。調査手段としてはインターネットが主流になっていたからね。お前は閲覧請求なんて聞いたこともないとびっくりするだろうね。なにしろお前は生まれてこのかた、何かわからないことがあればキーボードを叩いてきた。企業のロゴに縁取られた横長のスペースにその文字が出てきたら、数秒間のうちに答えになりそうなものがずらっと並ぶのを利用する経験しかしてないからね。だけど僕は、タイプライターが便利だった時代や、コモドール64パソコンの登場、大好きな曲が都合よくラジオから聞こえたけどあとはさっぱり流れなかった、といった日々を覚えている。メアリー・ジェーン・ガールズの歌う「オール・ナイト・ロング」なんて、いちど聴いてから五年は耳にしなかったはずだ。僕のような若者にとって、インターネットは宇宙旅行に匹敵する発明だったんだよ。

　プリンス・ジョーンズの事件への関心をきっかけに、僕は新聞の切り抜きや歴史、社会学の世界へと足を踏みいれていった。政治家連中に電話をかけ、質問を浴びせた。彼らの話では、警察の蛮行への苦情を申し立てる市民よりも、警察の助けを求める市民の方が多いということだった。ＰＧ郡の黒人市民は快適な暮らしをしているから、犯罪に対して「ある種我慢がならない気分でいる」という話だった。そういった理屈は前にも目にしたことがあった。黒人社会の内部外部を問わずさまざまな争いについて調べようと、ムーアランドでページを繰っていたときに見かけたものだった。だから、たとえ黒人が口にした場合でも、僕の周りに刑務所が林立するのを正当化し、ゲットーや公営住宅《プロジェクト》の存在を支持し、黒人の肉体の破壊は秩序維持の副産物だとみなすのは、そういった理屈からだと僕にはわかっていた。この理屈に従うなら、「安全」は正義よりも、恐らくは何よりも大事だった。なるほどねと思ったよ。ボルチモアにいた頃に、僕の通学路を巡回してくれる——わが国のそして僕らのコミュニティの公僕の——警官たちに僕があてはめるはずのない言葉が「安全」だった！　なにせ、そんな警官たちは実際にはいなかったんだし、警官を目にした時点で、もうまずい事態になっていたからだ。調査をするまでにもうわかってはいたんだが、「ドリーム」の中で暮らす連中には、言葉の使い方が異なっている人間たちがいたわけさ。連中の「安全」は、学校や金融資産ポートフォリオ、摩天楼の中にある。僕らの「安全」は銃をもった者の手中にあった。その連中は、彼らを送りこんできた社会と同じ軽蔑の目でしか、僕らを見られなかったんだけどね。

そして安全が欠如しているとなると、アメリカという銀河系についての感じ方は制約を受けざるをえない。たとえば僕には、ニューヨークに住むことができるとか、住まなきゃならないなんて考えはいちども浮かばなかったな。ボルチモアが心から気に入っていた。チャーリー・ルド・スポーツ店や、モンドウミン・モールの舗道で安売りをしているのが気に入っていた。お前のおじさんのダマーニとポーチに坐って、ＤＪのフランク・スキーが「フレッシュ・イズ・ザ・ワード」の曲をかけるのを待っている時間が気に入っていた。大学が終わったら故郷へ戻るものだとずっと思っていたんだ。単に故郷を愛していたからじゃなく、自分にそれ以外の未来が想像できなかったからだよ。僕のＤＮＡの中には、想像力を伸ばすのを阻む因子が組み込まれているんだよ。それでも、僕らの中には実際によその世界を見る者たちがいるんだけどね。

「メッカ」にはそういう人間がたくさんいた。お前のおじさんのベンもそうだ。ニューヨークで育ったから、自分がハイチ人やジャマイカ人、ハシド派のユダヤ人、イタリア人に混じって生き抜いているアフリカン・アメリカンだということを、いやおうなしに理解していた。こういう人間はほかにもいて、彼らは子どもの頃に、教師とか、おばとか、兄とかに押し上げてもらって壁の向こうを覗いていたが、大人になると、今度はすべてをこの目に納めてやろうと心に決めるようになる。こうした黒人も、僕が感じたように、自分の肉体が気まぐれに強奪されると感じているんだよ。だけど彼らの場合は、それがまた別の種類の恐怖を生み、その恐怖に突き動かされるように宇宙へととび出すんだ。彼らは海外に留学していた。何を経験したのか、なぜ行ったのかは、僕には知る由もない。だけどたぶん、僕は自分が簡単なことですぐめげるたちなのは、ずっと自覚していたように思う。僕がこれまで好きになった女の子のだれについても、それで説明がつくんじゃないかな。僕がこれまで好きになったのは、別の場所との架け橋になる女の子ばかりだったからね。僕よりもずっと世界を知っているお前のお母さんは、『デランシー・ストリート』、『ティファニーで朝食を』、『ワーキング・ガール』といった映画、あるいはナズやウータン・クランといったアーティストの文化を通じて、ニューヨークに恋していた。お前のお母さんは職を確保していたが、ついていった僕は密航したも同然だった。当時のニューヨークには、金を払って僕に何か書かせようなんて人間はいやしなかったからね。毎年、アルバム一枚か本一冊の批評をして稼いだはした金では、二回分の電気料金をまかなうのがせいぜいだったんだよ。

ニューヨークへ移ったのは、二〇〇一年九月一一日の二ヶ月前だった。その日ニューヨークにいた全員に物語があると思う。僕のはこうだ。その日の夕方は、僕はお前のお母さん、お前のおばさんのチャナ、チャナの恋人のジャマルと一緒にアパートの屋上へ出ていた。だから屋上で、しゃべりながら見物していたわけだ。煙がもうもうと立ち上り、マンハッタン島を覆っていた。誰もが、少なくとも知り合いの知り合いが行方不明になっていた。だけどアメリカの廃墟を見つめながら、僕の心は冷めていた。僕には僕だけの惨事があった。僕たち黒人を異様に警戒する警官たちの例に洩れず、プリンス・ジョーンズを殺した警官も、アメリカ国民の暴力装置だった。僕にとっては、無垢なアメリカ国民など一人もいないんだ。ニューヨークとは肌も合わなかった。マンハッタン島南部が、僕ら黒人にとってはいつでも「グラウンド・ゼロ」だった歴史を考えていた。彼らはそこで僕たちの肉体を競売にかけていたんだ。荒廃した、いみじくも「金融街」と名づけられた同じ場所でね。そこにはかつては、競売にかけられた黒人の墓地もあった。連中は墓地の一部をデパートを建てるのに使った。ほかにも墓地の一部に政府ビルをそびえさせようとした。それを止めさせたのは、まともな考えを持った黒人コミュニティだけだった。僕はまだ、こうしたことを筋道だった論理にできていなかった。だけど、ニューヨーク市のあの場所に恐怖《テロ》を持ち込んだのは、ビン・ラディンが最初じゃないのは確かだ。僕はそのことを絶対に忘れなかった。お前も忘れちゃだめだよ。その後の数日間に僕が目にしたのは、滑稽なほどに飾られた国旗の列、消防士たちの誇示された男らしさ《マチズモ》、そして凝りすぎたスローガンだった。クソ食らえだ。プリンス・ジョーンズは死んだんだ。そうとも、二倍行儀よくしろと言っておきながら、いずれにせよ僕らを撃つ奴らなど、みんなくたばっちまえばいい。子を持つ黒人をびくびくさせる、先祖から伝わる恐怖なんぞ消え失せろ。そうとも、聖なる器を砕いた奴らなんかくたばっちまえばいいんだ。

プリンス・ジョーンズを殺した警官と、あの日に死んだ警官や消防士との違いが、僕にはわからなかった。僕にとって、連中は人間じゃなかった。黒人だろうが、白人だろうが、なんだろうが、彼らは自然の脅威だった。なんの正当性もなく僕の肉体を破壊できるんだから、火事や隕石や嵐とおなじだったんだよ。

最後にもう一度だけ、元気なプリンス・ジョーンズを見かけた。僕の前に立っていた。僕らは博物館の中にいた。その瞬間に僕は感じた。プリンスが死んだなんて悪い夢だったんだってね。いや、夢じゃない……これは胸騒ぎなんだ。だけど僕にはチャンスだな。警告してやろう。僕は近づいて行ってプリンスをこづいたが、スペクトルの熱を、「メッカ」の温もりを感じた。何か言ってやりたかった。そう、こう言いたかった、「略奪者に気をつけろよ」ってね。だけど口を開いた瞬間に、プリンスはただかぶりを振って離れていってしまったんだ。

お前は覚えてないかもしれないが、僕らはブルックリンで、お前のベンおじさんと奥さんのジャナイおばさんの住まいから通りを行ったアパートの地階に住んでいた。あの頃にいい思い出はない。ベンから二〇〇ドルを借りたけど、それが一〇〇万ドルに思えたのを覚えている。お前のおじいちゃんがニューヨークへ来たときのことも覚えてる。エチオピア料理の店へ連れていかれて、それから地下鉄の西四番街の駅まで歩いて送っていった。僕らはさよならを言って別れたが、お前のおじいちゃんに呼び戻された。忘れていたことがあったんだね。一二〇ドルの小切手を渡された。こんなことをお前に話すのは、僕たちのあいだの話の要点がなんであれ、お前にはきちんとわかってもらわなきゃならないからだ。僕はいつも物質面で恵まれていたってわけじゃないが、人の方は――そう、僕はいつも人には恵まれていたんだよ。僕には、どんな父親と母親にも負けない父さんと母さんがいた。大学にいるあいだずっと面倒を見てくれた兄さんがいた。道を指し示してくれる「メッカ」があった。僕のためならバスの前に身を投げ出してくれただろう友人たちがいた。お前には知っておいてもらわなきゃならない。僕が愛されていたこと、信仰心はなかったけど僕がこれまでずっと同胞を愛してきたこと、そしてその広い愛が、お前に感じる特別な愛と直《じか》につながっていることをね。金曜の晩、ベンの家の前階段に座り、ジャック・ダニエルズを飲みながら、市長選のゆくえや戦争へとなだれこむことについて話し合ったのを覚えている。毎日を無為に過ごしていると感じていた。いろんな雑誌に売り込んだがどれもだめ。お前のチャナおばさんからもう二〇〇ドル借りて、悪徳商法のバーテンダーの専門学校につぎ込んですっからかん。パーク・スロープの小さなデリで、食品の配達をした。ニューヨークでは、誰もが話し相手の職業を知りたがる。僕の答えは「作家志望」だったよ。

ときおり列車でマンハッタンへ行ったな。マンハッタンは、どこもかしこもが金であふれていた。バーやカフェからは金がほとばしり、南北に走る広い通りを、みんなは金に背中を押されて信じられないスピードで進んでいた。銀河系と銀河系の間から湧きだしてくる車と人の流れは、金に吸い寄せられてタイムズスクエアを通り過ぎていった。建物の石灰岩や砂岩にも金が埋まっていた。ウエスト・ブロードウェイでも金はうなり、警官の姿なんか見えない中で、ワインバーからあふれた白人たちのグラスに注がれたワインが波立っていた。クラブへ行けば、そういう連中が飲んで、笑い声をあげ、ブレイクのダンスバトルをしかけていた。ダンスバトルでは、こてんぱんにされて恥をさらしていた。ところが、勝負がつくと連中は拳と拳をつき合わせて健闘を祝し、笑い、ビールを追加した。そこに恐怖はみじんもなかった。そのわけがわかったのは、通りへ目を向けたときのことだったよ。高級住宅地になったハーレムの通りを、Tシャツとジョギングパンツ姿の白人の夫婦が、二人乗りのベビーカーを押して歩いている姿が見えた。かと思えば、会話に夢中の父親と母親をよそに、男の子たちが三輪車に乗ってわがもの顔で歩道を走りまわっている姿も見えた。その銀河系は連中のものだった。そして、僕らの子どもたちが恐怖を受け継いでゆくように、彼らの子どもが受け継ぐのは優越感だった。

だから、お前を乗せたベビーカーを押して、僕らが住んでいるのでない地域、たとえばウエスト・ヴィレッジへ出かけると、ほとんど本能的に「この子にはもっとたくさんのものを見せてやらなくちゃ」と思ったのを覚えているよ。そして、よその家の家宝を借りているような、偽名で旅しているような、落ち着かない気分になったのを覚えているよ。その間《かん》にお前は成長し、言葉も人の心もわかるようになっていった。僕の美しい褐色の息子よ、お前はもうすぐ知るようになるところだった。お前はもうすぐ理解するようになるところだった——お前が属する銀河系が発する布告《エディクト》や、お前だけをわざわざ選《よ》り出そうとしている、ありとあらゆる致命的な出来事を、もうすぐ理解するようになるところだったんだ。

僕は考えていたものだ。お前もやがて一人前の男になるが、僕には、お前と将来の仲間や同僚とのあいだの埋めがたい隔たりから、お前を助けてやることはできまい、ってね。将来の仲間や同僚はお前にこう信じこませようとするんじゃないかな、ってね——僕の知っているすべてのことも、ここでお前と交わしているすべてのことも、単なる妄想だよとか、あるいはまじめに議論する必要のないしょせん遠い過去のことさ、ってぐあいにね。それから、僕には、お前を警官から、連中の懐中電灯、両の手、警棒、そして銃から救ってやれまい、とも考えていたよ。自分の安全を守ってくれるはずだった人間どもに殺されたプリンス・ジョーンズは、いつも僕とともにある。そして、すぐにお前の元にもプリンス・ジョーンズが現れるだろうってことが、僕にはわかっていたんだよ。

当時の僕は、家を出て、フラットブッシュ・アヴェニューへ足を向けることがよくあった。僕は顔にメキシコのレスラー、ルチャドールとかいったな、彼らのマスクさながらの険しい表情を張りつけ、すみからすみへと目を走らせ、腕は力を抜いてしなやかにして身構える姿勢をとっていた。こうしたいつでも警戒を解けない生活は、エネルギーを計り知れないほど消耗するし、ゆっくりと精が吸い取られてゆく。僕ら黒人の肉体が急速に衰弱するのはそのせいなんだよ。だから僕は、この世界の暴力だけじゃなく、お前を暴力から守るために設けられたルールも恐れた。そうしたルールのせいだな。

お前はブロックに対処するのに肉体をよじらせ、仲間にまともに取り合ってもらうためにまた肉体をよじらせ、警察に言いがかりの理由を与えないためにまたまた肉体をよじらせるはめとなるんだ。黒人の親が、息子や娘に「二倍行儀よくしなさい」と、要するに「半分で満足しなさい」と言って聞かせるのを、僕は何度も耳にしてきた。その言い回しは、まるでそれが言葉にされない品性や知られざる勇気を証《あか》しているとでも言うように、うわべは宗教的な気高さをもって口にされるんだよ。実際にはその言い回しが証しているのは、僕らの頭に突きつけられる銃口や、ポケットに突っ込まれる手だってのにね。こうやって、僕らはやさしさを失っていく。こうやって、連中は僕らの微笑む権利をかすめ取る。三輪車に乗ったあの小さな白人の子たちに二倍行儀よくしろと言った人間はいない。僕は、あの両親が子どもたちに、二倍持っていっていいよと言うところを想像してみた。略奪を倍加させているのは、僕ら黒人自身のルールであるように僕には思えたものさ。黒人という人種に生まれつくことの決定的な特徴は、逃れられない時間の強奪じゃないかなという考えに襲われた——なぜって、僕らがマスクをつけるのに要した時間、半分で我慢することに慣れるのに要した時間は、取り戻せなかったからだ。そして奪われた時間の長さは、生涯でこれだけと計れるものじゃなく、そのときそのときに計るしかない。それは、栓を抜くだけで飲む時間のなかった、ワインの最後の一本だ。お前の人生からいなくなってしまった女の子との、交わすことのできなかったキスだ。連中にとってはふんだんにあるやり直しの機会だが、僕ら黒人にとっては一日は二四時間でなく二三時間分《ぶん》しかないんだよ。

　ある日の午後、お前のお母さんと僕はお前を連れて幼稚園の見学に行った。担当者の案内で大きな体育館へ入ると、そこにはニューヨークの子どもたちを集めた民族のシチューが煮立っていた。子どもたちは駆けまわり、跳ねまわり、転げまわっていた。お前はそれを見てとるや、すぐさま僕らから離れて押し合いへしあいする子どもたちの輪に加わった。お前は今まで人間のことも、拒絶されるのも恐れなかったね。僕は今までいつもそのことに感心してきたが、同時にいつもそのためにお前がどうなるかと恐ろしかった。お前が見ず知らずの子どもたちのところへ跳んでゆき笑いあうのを見て、僕の心には壁がせり上がり、お前の腕をつかんで引き戻してこう言うべきじゃないかという思いがわき起こった。「僕らの知らない子たちなんだぞ！　落ちつけ！」ってね。実際にはそうしなかった。僕も成長していて、自分のなかの葛藤はうまく表現できなかったけど、そうするのが品のないことだというくらいはわかったからね。だけど今じゃ、この僕にそうさせようとした引力を理解している。その引力はまた、四歳の子どものお前に用心深さや慎重さ、抜け目なさを求め、親の僕にはお前の喜びの一部を奪わせ、お前には時間が失われるのも我慢させようとしていたんだ。そして今では僕は、このとき感じた恐怖を銀河系の主人たちが彼らの子どもたちに授けた奔放さに照らしてみて、内心恥ずかしく思っているんだよ。

ニューヨークは、それだけで、もう一つのスペクトルだった。僕がハワード大学で目にしていた、ただし黒人の中に限られていたまことに多様な世界が、ここでは大都会いっぱいに広がっていた。角を曲がるたびに、知らない何かが待っていた。ユニオン・スクエアには、アフリカ人のドラマーが集っている。表情のなかった高層オフィスビルは、夜になるとビルの中にあるレストランが店を開けてにわかに活気づくが、そこでは小さなビール樽とか韓国風フライドチキンを出すんだよ。黒人の少女と白人の少年、黒人の少年と中国系アメリカ人の少女、中国系アメリカ人の少女とドミニカ人の少年、ドミニカ人の少年とジャマイカ人の少年——想像しうるあらゆる組み合わせがこの町では見られた。ウエスト・ヴィレッジを歩けば、リビングルーム程度の大きさのレストランに驚かされるが、その狭さこそが常連客にうんちくを傾けられる心地よさをもたらしているんだと僕にはわかった……なにかの冗談に笑い転げているけど、自分たち以外の人間が理解するには一〇年かかるんだよとでもいうようにね。夏はこの世のものとは思えなかったなあ。ニューヨークのどの地域もがファッションショーの会場に変わり、大通りは若者にとってショーの花道と化したんだ。それまで感じたどんなものとも違う熱気があった。それは、巨大なビルが吐き出す熱と、地下鉄やバー、例の狭いレストランやカフェにひしめく無数の人間のかもし出す熱気とが混じりあったものだった。これほど多くの人生を目にしたのは初めてだった。こんなに多くの人生が、こんなにも多様な形で存在しうるなど、想像だにしたことがなかったな。誰にとってもあるそれぞれの「メッカ」が、たった一つのニューヨークって都会につめこまれていたんだよ。

だけど、ひとたび地下鉄を降りて僕の住む地域へ、僕のフラットブッシュ・アヴェニューへ、つまりは僕のハーレムへ戻れば、そこにはあいかわらず恐怖が残っていた。小さい頃からよく知っているのと同じ少年たち、同じバップ、同じ凄みを利かせた視線、同じ掟があったよ。ニューヨークに違いがあるとすれば、ここにいるのはもう少し明るい色の肌の、プエルトリコやドミニカの身内《カズン》だということくらいだった。それでも、彼らの儀式は僕らのとよく似ていて、だから歩き方や拳と拳をつきあわせる挨拶の仕方は、どれも僕にはなじみの深いものだった。そうやって僕は、どんな一日を切り取っても、気づけばいろんなニューヨークをいっときに旅していた。活力にあふれ、冷酷で、金にまみれ、ときにはそのすべてがいっしょくたになった都会をね。

たぶんお前も、三人で『ハウルの動く城』を観にアッパー・ウエストサイドへ行ったときのことは覚えているだろう。お前はもうちょっとで五歳になるところだった。混み合う映画館を出て、僕らはエスカレーターで一階まで降りていった。エスカレーターを降りるときに、まだ小さいお前は、ぐずぐずとしか動けなかった。白人の女がお前を押して、「ほら急いで!」と言った。そのとき、いろんなことがいっぺんに起こった。まず、見知らぬ人間が自分の息子の肉体に手を置いたときにどんな親でも示す反応をとった。それから、お前の黒い肉体を守る自分の力への不安がよぎった。それだけじゃなく、女が場所を考えて強気に出ているのも感じられた。たとえば、ここがフラットブッシュの僕の家の近所なら、女は黒人の子どもを押しやったりはしなかったはずだとわかっていた。そこでなら女は恐れをなし、そんなことをすれば痛い目を見ると、わきまえてまではいなくとも察しはついたことだろう。だけどここはフラットブッシュの僕の家の近所じゃなかった。ウエストボルチモアでもなかった。「メッカ」からも遠く離れていた。僕はそのことをすっかり忘れてた。僕が気づいていたのは、誰かが僕の息子の肉体に対して権利を行使したということだけだった。僕は女に向き直って話しかけたが、目の前の事態と自分のこれまでの人生とで頭が沸騰し、口調は熱くなった。女はびっくりしてたじろいだ。近くに立っていた白人の男が女を擁護して大声を出した。乙女を野獣から救ってやる気だな、と僕は感じた。僕の息子のためにはそんなことはしなかったくせに。すると今度は、人だかりの中の白人たちが、そいつに加勢をし始めた。その男が僕に近寄ってきた。声が大きくなった。僕はそいつを突き飛ばした。男が言った。「お前を逮捕させてもいいんだぞ！」だからどうした、僕はそう言った。もっと言ってやりたいという思いが喉にこみ上げた。それをなんとか抑えられたのは、ある人物が少し離れた場所に立っているのを、見たことがないほど僕が怒りまくっていることへの証人となっているのを思い出したからだ——サモリ、お前のことだよ。

僕は動揺を抱えて家へ帰った。ストリートの法を久しぶりに持ち出してしまった恥ずかしさと、怒りが入り混じった気持ちだった。「お前を逮捕させてもいいんだぞ！」それはつまりこういう意味だった——「俺はお前の肉体を奪えるんだぞ！」

僕はこの話をこれまで何度もしてきたが、それは強がりからじゃなく、許しを得たいがためだ。僕は昔も今も乱暴な人間じゃない。若いころ、ストリートの法に従っていたときでさえ、僕を知る誰もが、似合わないことをしてやがると思っていた。正当防衛や正当な暴力に伴うとされる誇りを感じたこともない。誰かを支配するのが僕の場合は、どれだけその瞬間猛り狂っていようとも、後になると、いちばん粗野なコミュニケーション手段をとるところまで自分を貶めてしまったなあと、必ず気分が悪くなったものだ。マルコムが僕にとって意義があったのは、暴力を愛する気持ちからじゃなかったんだよ。「黒人歴史月間」に取り上げられる公民権運動の殉教者たちほど、僕に、催涙ガスを浴びるのが解放につながるんだと認識するようにさせてくれたものはこれまでなかったからだったんだよ。ただね、僕自身が実際に手を出したことについて何より恥ずかしいと感じたのは、いちばん悔いが残ったのは……お前をなんとか守ろうとしながら、その実、お前を危険に晒してしまったことだったんだ。

「お前を逮捕させてもいいんだぞ！」という男の言葉は、つまりこういう意味だった。「お前の息子の最初の記憶の一つは、アブナー・ルイマの肛門に棒をさしこみ、アンソニー・バエズの首を絞めた男たちが、お前に手錠をかけ、お前を棍棒で殴り、テーザーガンで撃ち、破壊する光景になるんだぞ」。僕はそのルールを忘れていた。ボルチモアのウエストサイドで犯すのと同じくらい、マンハッタンのアッパー・ウエストサイドでは危険な過《あやま》ちだ。ここじゃ、間違いは絶対に犯しちゃならない。一列になって歩きなさい。静かに勉強なさい。HBの鉛筆を一本余分に詰めておきなさい。間違わないように、ってね。

だけどお前は人間で、ときには間違うこともある。判断を誤るときもある。叫ぶときもある。飲みすぎるときもある。良くない連中とつるむこともあるだろう。誰も彼もがいつでもジャッキー・ロビンソンでいられるわけじゃない。いや、当のジャッキー・ロビンソンでさえ、いつだってジャッキー・ロビンソンだったわけじゃないしね。だけどお前が支払う過ちの代償は、黒人以外の国民が支払う代償よりも高くつく。そして、アメリカが自分自身を正当化できるように、黒人の肉体の破壊の物語は、事実にせよ作り話にせよ、必ず黒人の過ちから始まらなきゃならないんだ。エリック・ガーナーが怒ったこと、トレイヴォン・マーティンの言ったとされる言葉（「今夜お前は死ぬのさ」）、一緒にいる相手を間違えたショーン・ベルの過ち、そして、あの小さな目の少年に近づきすぎて、銃を出させてしまった僕、ってわけさ。

社会というものは、必ずと言ってよいほど、あらゆる成功の物語をいちばん社会に都合の良い章から始めるし、アメリカの場合、こうした導入の章はほぼすべてが、飛び抜けた個人の並はずれた行為として描かれる。「たったひとりの人間でも、変化は起こせる」……お前もよく聞く言葉だろう。この言葉もまた神話だがね。たぶんひとりの人間が何かを変えることはありうるだろうが、黒人の肉体を同じアメリカ人と平等なところまで引き上げるような変化じゃあない。

歴史的な事実として、黒人が厳密に自分たち自身の努力で解放を勝ち取ったなんてことは一度もない。恐らく黒人に限らずどの民族もじゃないかな。アフリカン・アメリカンの生活における大きな変化のことごとくに、個々の黒人の力の及ばない出来事、純粋な善とは言えない出来事が関わってきた。黒人の北部植民地での解放は、独立革命の戦いで流された血と切っても切れない関係にあるし、同じように、南部での黒人奴隷の解放は南北戦争の遺体安置所と切り離せない。さらには、ジム・クロウ法からの解放は第二次世界大戦のジェノサイドと切り離せない。歴史というものは僕らの思い通りになるもんだけじゃないさ。それでもお前に闘争が求められるのは、闘うことで勝利が約束されるからじゃなく、闘うことで誇り高く分別のある人生が約束されるからだ。あの日の自分の行動が、僕には恥ずかしい。お前の肉体を危険に晒したのが恥ずかしい。だけど恥ずかしいのは、僕がダメな父親だからでも、ダメな人間とか品のない人間だからじゃない。僕ら黒人の過《あやま》ちは必ず高くつくと知っていたのに、過ちを犯したことが恥ずかしいんだよ。

それが、僕らを取り巻く歴史の意味だ。そのことを考えようとする人間は、まずいないだろうけどね。お前を突き飛ばしたあの女に、あのとき、「あんたは黒人の肉体を劣ったものとする伝統に従って行動してるんだぞ」と教えてやったら、たぶん彼女はこう反応しただろうな。「あたしは人種差別はしないわ」ってね。ひょっとしたらそうなのかもしれない。だけど現実世界での僕の経験から言えば、自分を白人だと信じる連中は、自分への疑いを晴らそうという思惑に取りつかれている。そして、人種主義者《レイシスト》という言葉で連中が思い浮かべるのは、嚙み煙草を吐きまくるうすのろでないとしたら、(トールキンの作品中の)オークや(北欧神話の)トロール、(ギリシア神話の)ゴルゴンと同じで、空想上の存在なんだ。「俺は人種差別はしないぜ」。そう言い張る芸能人のマイケル・リチャーズは、野次った観客に向かって繰り返しこう叫ぶところをカメラにとらえられていたのにね。「そいつはニガーだ!そいつはニガーだ!」って叫ぶのをね。人種分離主義を掲げるストロム・サーモンド上院議員について、リチャード・ニクソンは「ストロムは、人種差別なんかしないよ」と結論づけた。アメリカに人種主義者《レイシスト》はひとりもいない。少なくとも、白人でなければならない連中の個人的な知り合いの中にはいない。大量にリンチが行われた時代、手を下した人間を具体的に特定するのはひどく難しかったから、そうした死は新聞によって「身元不明の人物たちの手によって」引き起こされたとしょっちゅう報じられたもんだった。一九五七年、ペンシルヴェニア州レヴィットタウンの白人住民が、自分たちの町を人種的に分離したままにする権利を主張したことがあったよ。その一団は、「道義をわきまえた、信仰心の篤い、法律を遵守する市民として、我々は、自分たちのコミュニティを閉ざされたままにしたいと願ったからといって、自分たちは偏見も持たず、差別もしていないと考えています」と綴っている。これこそ、いっさいの制裁を免れながら、恥ずべき行為に及ぼうとする企てだった。今この話を持ちだしたのは、お前に教えときたいからだ――過去の「黄金期《ゴールデンエラ》」とやらでも、悪事を働いていた奴は、それをそのまま悪事として吹聴したりしなかったってことをね。

アレクサンドル・ソルジェニーツィンはこう記す。「そんな人間など存在するはずがないと、そんな人間はひとりもいないとわれわれは言いたがる。……悪をなすためには、人間はまず初めにこう信じこまねばならない。自分のしていることは良いことだとか、そうは言わずとも、自然界の法則と調和する思慮深い行動だ、と」。これこそ「ドリーム」の土台だ。そして「ドリーム」の信奉者たちは、ただ「ドリーム」の存在を信じるだけじゃなく、それが正しいことだと、彼らが「ドリーム」を所有しているのは勇気や名誉や働きぶりの当然の結果なのだと信じこまなくちゃならない。古き良き時代でなく、悪しき良き時代であったことをひとまずは認めようという向きがある。さりながら、僕らの現在に何らかの進行中の影響を持つほどには悪いもんじゃなかった、ってね。僕らの刑務所制度のおぞましさ、軍隊へと変貌していく警察、黒人の肉体を目の敵にする長い戦い……そうしたものから目をそらすのに必要な気質は、一夜にしてなったものではないんだよ。これは、誰かの目にパンチを喰らわせ、その誰かの労働の成果は忘れるという熟達した習慣なんだ。こうした惨状を認めることは、ずっとそうだと自身が言い張ってきたアメリカの晴れがましい姿から目を背け、うさんくさく、得体《えたい》の知れない何ものかと向き合うことだ。ほとんどのアメリカ人にとって、そうすることはいまでもすごく難しいことなんだよ。だけど、それをやるのがお前の仕事だ。自分の魂の尊厳を守りたいからというだけでも、やらなきゃならないお前の仕事なんだよ。

この国の語ることのすべてが、お前が何者かという事実に異議を唱えているんだよ。僕はヴァージニア州で、お前と、お前のいとこのクリストファーをレンタカーのうしろの席に乗せて、ピーターズバーグの戦場跡、シャーリー・プランテーション、「荒野《ウィルダネス》の戦い」の戦場跡を見に出かけたあの夏のことを思い出すな。お前も覚えているはずだよ。僕は南北戦争に取りつかれていた。この戦いで六〇万人が犠牲になったからだ。なのに、僕は学校ではうわべを飾った戦争の歴史しか学べず、ポピュラーカルチャーのなかでも戦争とその理由についての説明はあいまいだった。それでも、僕らが一八五九年には奴隷で、一八六五年にはそうじゃなくなっていたのは知っていたし、その時代に僕たち黒人に起きたことは、かなりの意味を持つものとして僕の心をうった。だけどどの戦場跡へ出かけても、僕は、自分が監査をする詮索好きな会計士のように扱われているな、誰かが帳簿を隠そうとしているな、そんな風に感じたものだった。

ピーターズバーグ国立戦場跡で観た、まるで南部連合の崩壊は祝祭ではなく悲劇の始まりだとでもいうようなエンディングのフィルムを覚えているだろうか。ガイドが南部連合の灰色のウールの制服を着ていたことや、どの見学者も、側面での陽動作戦、乾パン、滑腔銃、ブドウ弾、装甲艦といったものにばかり興味津々で、そうしたもろもろの技術や発明や設計の用途にはほとんど無関心に見えたことは……これは覚えてないかもしれないな。お前はまだ一〇歳だった。だけど一〇歳であっても、僕はお前につらい思いをさせなきゃならないとわかっていた。つまりね、お前を連れて回る部屋では、お前の知性は侮辱されるだろうし、泥棒どもがしようとするのは、お前に自分たち黒人が強奪されるのに賛成させようとすること、それに焼いたり略奪したりする行為をキリスト教の愛《チャリティ》の名目で覆い隠そうとすることなんだからね。けれど、強奪ってのはそういうものなんだし、それは昔から変わらない。

南北戦争が始まった時点で、僕らの盗まれた肉体には総額四〇億ドルという、アメリカの産業すべてを、鉄道・作業場・工場の総計を上回る価値があって、そして僕らの盗まれた肉体を使って作り出される主要産品、すなわち棉花はアメリカ最大の輸出品だった。アメリカの最富裕層はミシシッピ川の流域に住んでいて、そして連中は僕ら黒人から盗んだ肉体を使って財を成していた。僕らの肉体は、

V 26
BATTLE OF
NEW MARKET HEIGHTS
On 28 September 1864, elements of Maj. Gen. Benjamin F. Butler's Army of the James crossed the James River to assault the Confederate defenses of Richmond. At dawn on 29 September, 6 regiments of U. S. Colored Troops fought with exceptional valor during their attack along New Market Road. Despite heavy casualties, they carried the earthworks there and succeeded in capturing New Market Heights, north of the road. Of the 16 Medals of Honor awarded to "Negro" soldiers during the Civil War, 14 were bestowed for this battle. Butler wrote that "the capacity of the negro race for soldiers had then and there been fully settled forever."

初期の大統領たちの奴隷だった。僕らの肉体は、第一一代大統領ジェームズ・K・ポークによって、なんとホワイトハウスから売りに出されたんだよ。僕らの肉体が、国会議事堂《キャピトル》とナショナル・モールを造ったんだよ。南北戦争の火蓋が切られたサウスカロライナ州では、僕らの肉体が、州の人間の肉体の過半を占めていた。それがこの大戦争の動機だ。秘密でもなんでもない。だけど僕らはもう一歩踏み込めば、己の犯罪を自白する無法者を見つけ出せるんだ。ミシシッピ州は、連邦を脱退するときにこう宣言したものだ。「我々の立場は、奴隷制という、世界最大の物質的利益と完全に重なり合う」ってね。

ゲティスバーグへ足を運んだうちの一回だが、僕とお前のお母さんと三人でエイブラハム・ブライアンの家の外に立ったときのことを覚えてるかい？　あのときは、ゲティスバーグの黒人の歴史を学んできたという若者が一緒にいた。若者によれば、ブライアン農場は、ゲティスバーグの戦いの最後の日に南軍のジョージ・ピケット将軍が突撃をかけた戦線の端にあった。若者の話では、ブライアンは黒人で、ゲティスバーグには自由黒人のコミュニティが存在していたが、ブライアンと家族は、迫りくる奴隷制の軍隊――南部連合の誇りであり畏怖されていたロバート・E・リー将軍に率いられた軍隊だが――を前に肉体を失うのを恐れ、農場を捨てて逃げた。リー将軍の軍隊は、そのあと自由な身分の黒人を本人から盗んで、南へ売り飛ばしたりしたんだ。ジョージ・ピケットと麾下《きか》の部隊は、北軍に駆逐された。それから一世紀半後、その場所に立ちながら、僕は、フォークナーの小説に出てくる人物の一人が、この失敗がすべての「南部」少年の心をどのように苦しめ続けたかと述懐する有名な場面を思い浮かべていた。「いまだ平衡状態だ。なにごとも起きていないし、始まってすらいないのだ……」。フォークナーの描く南部の少年はみな白人だ。だけど僕には、南部につかまらぬように家族と逃げた黒人の農場跡に立つ僕には、歴史のかなたから、心得違いの生得の権利——黒人の肉体を殴り、陵辱し、盗み、略奪する権利——を荒々しく行使しようとピケットの兵たちが突撃してくるところが見えた。それこそが「いまだ平衡状態」のなかにあったものだ。このノスタルジックな瞬間の、腐敗した口にするのもおぞましい本質だ。

　ところがアメリカの南北の再統合は、耳にここちよい物語の上に成り立っている。その物語では、奴隷制は善行に仕立てられた。肉体を強奪する連中は白騎士《ホワイトナイト》に仕立てられた。戦時の大虐殺は、両軍がどちらも勇気と誇りと激情《エラン》をもって試合に臨んだと結論づけられる、ある種のスポーツに仕立てられた。この南北戦争についての嘘は、アメリカが無垢だという嘘であり、まさに「ドリーム」の正体なんだ。歴史家がその「ドリーム」をひねり出した。ハリウッドがその「ドリーム」を確固としたものとした。そして小説や冒険物語がその「ドリーム」に金メッキを塗ったんだよ。『火星のプリンセス』シリーズのジョン・カーターは、負けた南部連合を逃れて火星へ逃げた。彼がいったい何から逃げてるのかなんて、細かく詮索しないのが常識だ。僕の知りあいの子どもたちと同じで、僕も『爆発！　デューク』は大好きだった。だけどいま思えば、もっとちゃんと考えておけばよかったんだ。「リー将軍」と名付けた愛車を駆るふたりのお騒がせ者は、なぜ必ず「誰かを傷つけるつもりのない、気さくで仲間思いの南部白人の若者」——「ドリーマー」にとってのこれぞお題目《マントラ》だったが——として描かれなくちゃならなかったのか。だけど、どんな「つもり」だったかなんてのは、重要でもなければ現実と直結もしないんだよ。エリック・ガーナーの首を絞めた警官が、その日に一人の肉体を破壊するつもりだったなんて考えても仕方ないんだからね。お前が理解しなきゃいけないのは次のことだけだ。その警官のバックには、アメリカという国の権力とアメリカの遺産《レガシー》の重みがあること。そして、毎年破壊される肉体のうち黒人の数がむやみに多く、とうぜん比率も不均衡に高くなるのが必要とされている、ということだよ。

　ここはお前にわかってほしい。アメリカでは、黒人の肉体の破壊は伝統だ。それは「世襲財産《ヘリテージ》」なんだよ。奴隷制は、単に労働力を無菌状態のなかで借りることじゃない――一人の人間の肉体を本人の基本的利益に反する活動に従事させるのは、そんなに簡単なことじゃないからね。だから奴隷制を維持するには、ちょっとしたことで奴隷に対して激怒したり、手当たり次第に奴隷の肉体を損うようにしなくちゃならない。奴隷が逃亡しようとしたら、その頭を銃で川の向こうまで吹っ飛ばさなくちゃならない。奴隷を再生産するのだから「産業」と呼べるレベルの定期的な陵辱《レイプ》じゃなきゃならない。それを前向きに表現するのはどうやっても無理なことだ。僕には賛美歌もなければ、なつかしいネグロのスピリチュアルもない。魂と精神は、肉体と脳という壊れやすい代物で、だからこそ、肉体と脳はこんなにもかけがえがないんだ。魂は逃げられなかった。精神はゴスペルの翼に乗って飛び去ってゆけなかった。魂はタバコの餌となる肉体で、精神は棉花に水をやる血だった。それらがアメリカの園《その》に最初の果実を実らせた。そしてその果実は、子どもを薪で殴り、トウモロコシのさやを取るように焼けた鉄で肌を剝ぐことで守られていたんだ。

血を見ずには済まされなかった。釘で貫いた舌や、切り取られた耳がなければ済まされなかった。南部の女主人の一人はこう綴った。「反抗的な態度が見られた。さぼったり、むすっとしていたり、ずさんな仕事をするのが目に余った……。鞭を使った」。コックの手伝いがバターをかき混ぜるのが遅いという罪には、鞭打ちじゃなきゃならなかった。どこかの女の場合は「この前の土曜に三〇回、火曜にもういちどそれ以上の回数を鞭でひっぱたいて……しゃきっとさせ」なきゃならなかった。馬車でふるう鞭、トング、鉄の火かき棒、のこぎり、石、文鎮など何でもよかったんだ。黒人の肉体、黒人の家族、黒人のコミュニティ、黒人という民族を破壊するには手近なものを使うというのに過ぎなかった。肉体はこまごまと証券化され、奴隷保険をかけられた。黒人の肉体は、野望の対象であり、インディアンの土地のように金のなる木であり、ベランダであり、美人の妻であり、山中に建てた夏の別荘だった。自分を白人だと信じる必要のある男たちにとって、黒人の肉体は社交クラブの扉をあける鍵であり、肉体を破壊する権利は文明の基準だった。サウスカロライナ州選出の偉大な上院議員、ジョン・C・カルフーンはこう述べてるんだよ。「社会は富める者と貧しき者に大別されるのではない。白人と黒人に大別されるのだ。そしてすべての白人は、貧者であろうと、富者とともに上流階級に所属し、平等な者として敬意を払われ、処遇を受ける」とね。残念ながらそういったわけだ――彼らの聖なる平等を意味するものとして黒人の肉体を破壊する権利があるのだ。そしてこの権利は、これまでいつも白人たちに平等の意味づけを与え、これまでいつも谷底を這い回るさらに下がいることを意味してきた。「底辺《ビロウ》に何もなければ山は山たりえない」（サヴォリーア・グリンプ『奴隷の家から』）。

息子よ。お前と僕はその「底辺《ビロウ》」なんだ。一七七六年にはそれが真実だった。そして今もなお真実だ。お前がいなければ連中もいないし、お前を破壊する権利がなければ、連中は山から滑り落ち、聖性を失い、「ドリーム」から転落する。そうなれば、人骨でないものの上に郊外を造り、刑務所を人間の家畜飼育場以外のものへと向け、人肉食《カニバリズム》と無関係の民主主義をうち立てる方法を考えなくちゃならなくなる。だけど連中は自分が白人だと信じているから、その代わりに、ヴィデオにとられているというのに一人の人間が自分たちの法に従って絞め殺されるのを黙認する。その代わりに、トレイヴォン・マーティンというキャンディーとソフトドリンクで両手がふさがっていた一〇代の痩せぎすの少年が、人殺しの破壊者《ジャガーノート》に変身したという神話に同意する。その代わりに、プリンス・ジョーンズが、悪辣な警官に三つの異なった法的な管轄地域を次から次へと追いかけられ、人間らしい行動を取った廉《かど》で撃ち殺されるのを見過ごす。その代わりに、まったくの正気で、僕の四歳の息子に手を伸ばし、自分の大切な大切な一日を邪魔するなとばかりに突き飛ばす。

サモリ、僕はその場にいた。それどころじゃない。僕はボルチモア時代に戻っても、連中の側の男の子たちに囲まれていたんだ。自分の家のリビングルームの床に座って、僕には入り込めない遠い世界を見つめていたんだ。積年の怒りがこみあげてきた。僕は、エリック・ガーナーが最後の瞬間にいたはずの場所にもいた――「今日でおしまいにしてくれ」とガーナーは言ったが殺されてしまったのさ。僕は、十分には理解できないながらも、この宇宙の不公平を感じていた。僕はその頃はまだゲティスバーグに出かけていなかった。サヴォリーア・グリンプもまだ読んでなかった。僕にあるのは印象と心の重荷だけだった。当時はわかっていなかったし、今も完全にわかったわけじゃない。だけど今わかっているなかには次のようなことがあるんだ。「ドリーマー」のなかで生きるには苦しみがつきまとう。そのうえ、お前に向かって「「ドリーム」は正しく、気高く、現実のものだ」とか「お前は躍起になって腐敗を眺め、異臭をかごうとしているんだぞ」と告げる国は、さらなる苦しみのもととなるんだ、ってね。自分たちが無垢であるために、連中はお前の怒り、お前の恐怖をなかったものにする。いつまでかって？　お前が右往左往したあげく、「黒人って民族くらいだよなあ……」と言って自分自身をあしざまに罵るまで、実際に自分の人間性をあしざまに罵り、お前の住むゲットーで起きた犯罪にも怒るようになるまでさ……なぜゲットーで起きた犯罪までかっていうと、ゲットーを造らせた歴史上の由々しい犯罪を前にしては、お前はまるで無力だからなんだよ。

　自分がこの国にどうしても欠かせない底辺《ビロウ》なんだと理解するのは、本当にぞっとすることだ。その考えは、僕ら自身、僕らの生活、僕らの活動する世界、僕らを取り巻く人間たちについて、僕らがこう思いたいというものをさんざんなものとしてしまうんだ。ただ、なんとかして理解しようとすることこそ、この狂気に対して僕らが持てる唯一の強みなんだ。あの戦場跡を訪れるまでには、僕はそれらが壮大なぺてんの舞台に改造されてしまっているのは知っていたし、その知識こそ僕を安心させる唯一のものだった。というのも、連中ももう嘘をついて僕を侮辱することはできなかったからさ。僕の知っていたこと、そのなかでもいちばん大事だったことは、連中も心の奥深くで嘘を自覚してるのを知っていたことだった。僕はこう考えたい。そのことを知っていれば、お前を危険に晒さずに済んだかもしれない。また、自分の怒りを理解し、それが存在するのを認めていれば、怒りを抑えられたんじゃないか、ってね。そのことを知っていれば、あの女に必要な言葉だけかけてその場を立ち去ることができたものと思いたい。そう思いたいが、お前に約束はできない。闘争しか僕がお前のために考えてやれるものはないんだもの。なぜならこの世界で、お前の自由になる部分というのは、闘争以外にないからなんだよ。

なんとかなるさと請け合ってやれなくてすまない。守ってやれなくてすまない。だけど、そこまですまないとは思ってないんだ。脆弱であるからこそ、お前は人生の意義に近づけると思う僕もいるんだよ。他の連中にとっては、自分は白人だと思い込もうとすることが人生の意義から遠ざけてしまうのとちょうど同じようにね。実際には、連中の「ドリーム」にもかかわらず、連中の生活も侵されることがないというわけじゃない。そして連中自身の脆弱さが表面化したとき――警察がゲットーに使った戦術の対象を拡大することに決めたとき、連中の銃社会ゆえに自らの子どもたちが撃ち殺されたとき、自然が連中の住む都会にハリケーンをもたらしたとき――連中は、「因果」を理解するよう生まれ育った僕ら黒人ならありえないほど衝撃を受けるんだよ。僕はお前を連中のように生きさせはしまい。お前が投げ込まれたのは、いつも向かい風を面《おもて》に受け、猟犬が足もとまで迫ってきているレースなんだ。程度の差こそあれそれはあらゆる人生にあてはまるんだが、違いは、この本質的な事実に目を背けて生きる幸運にお前は恵まれなかった、ってことなんだよ。

僕は今、これまでしてきたのと同じようにお前に語りかけているんだ——お前にそんな大人になってほしいとずっと願ってきたが、「自分の人間らしい感情について弁解をせず、自分の高い背丈や長い腕や美しい笑みの言い訳をしない、地に足のついた真面目な人間」として僕は語りかけているんだ。お前は成長して意識が高まりつつある。お前に望むのは、周りを不快にさせたくないからと、自分を抑える必要など感じないことだ。そんなことをしてもいずれにせよ数式《マス》は変わらない。僕はお前に、連中より二倍行儀のよい人間になってほしいなんて少しも思わなかったし、むしろ、短くも輝かしい闘争に明け暮れる毎日に、攻撃の手を休めないでほしいとずっと願ってきた。自分を白人だと信じ込む必要のある連中は、けっしてお前の物差しにはならない。僕はお前を自分だけの夢に閉じこもらせはしない。僕はお前を、この恐ろしくも美しい世界で、目覚めた市民にしてみせるよ。

ある日、僕はシカゴに出かけていた。北部の都市の人種隔離の歴史、そして人種隔離が行政の方針によって巧妙に仕組まれた経緯を記事にするためだ。僕は郡保安官事務所の警官たちが巡回するときについてまわった。そしてその日、黒人の男が家を失う瞬間に立ち会った。保安官事務所の警官たちのあとから男の家へ入ると、担当の何人かが男の妻と話をしていた。妻は話しながらも、子ども二人の面倒をみようとしていた。警官の登場に、妻は見るからに面食らっていたが、男のほうは態度からして知っていたようだった。この状況に対する驚きと警官への怒り、夫への怒りが、いっしょくたになって妻の目ににじんでいた。リビングルームに立った警官たちが、これからの流れについて男に指示する。外には家財道具を撤去するために雇われた作業員が集まっていた。男は恥をかかされていた。だけど想像するに、たぶんしばらく前から、彼はひとりで胸の中に、家族に迫る危機を抱えこんでたんだろう。だけどそれを自分に対して、妻に対して認める気にはなれなかったんだ。だから今、男はそのエネルギーを怒りに変え、警官たちにぶつけた。悪態をついた。大声で叫んだ。脅しに近い文句を口にした。ここの郡保安官事務所はほとんどのところよりも進んでいた。大量拘禁と言われるのを懸念していた。だから追い立ての際には、よくソーシャル・ワーカーを同行させていた。だけどそんなことは、男の住む世界に横たわる容赦ない論理、法律や歴史に基づいてつくられ、男とその家族と彼らの運命への軽蔑に基づいてつくられた論理とは、しょせん関わりがなかったんだよ。

　男はわめき続けた。警官たちがきびすを返すと、今度は一家を通りへ放り出すために雇われて集まっていた黒人たちに向かって、いっそうわめいた。彼のとった態度は、僕がそれまで知っていた無力な黒人たち、自分たちの力では避けられない根源的な略奪を隠すために自分たちの肉体を誇示する黒人たちのだれかれにそっくりだった。

　僕は一週間をかけて街を探索していた。空き地を通り抜け、無為に過ごす少年たちを見つめ、いくつもの奮闘している教会の会衆席に腰を下ろし、死者に献じたストリートの壁画の前をぶらついた。そしてときには、一〇〇歳を越す黒人たちのつましい家を訪ねた。奥の深い人たちだった。家は誇るべき人生のエンブレムであふれていた——学校で貰う良き市民賞《シチズンシップアウォード》に、先に逝った夫や妻の写真、帽子とガウン姿の何世代にもわたる子どもたちの写真。彼らは大邸宅の掃除をこなし、シカゴに来るまではアラバマの一部屋しかない掘っ立て小屋で暮らしながら、こうした栄誉の徴《しるし》を集めたのだ。一息つける場所かと考えたこの市が、より複雑に入りくんだ略奪の典型であることが明らかになる中で、彼らはそれをやってのけたんだよ。二つも三つもの仕事をかけ持ちして子どもをハイスクール、大学へとやり、そのコミュニティの大黒柱になった。感嘆しながらも、僕はずっと、いま目の前にいるのは生き残れた人たちにすぎないんだと感じていた。彼らは、銀行とその能面のような侮蔑に耐え、不動産屋とその偽りの同情――「お気の毒だが、その家はきのう売れちまったんでね」――に耐え、同じ不動産屋にゲットーのブロックや、もうすぐゲットーになるのが決まっているブロックに追い返されるのに耐え、彼ら囚われた階級の存在に気づいた金貸しが、身ぐるみ剝ごうとするのに耐えてきた。シカゴの家々で会ったのは、僕ら黒人の中の最良の人たちだったけど、彼らひとりひとりの背後には何百万という人の亡骸《なきがら》が横たわっているのが僕にはわかっていたんだ。

　そしてウエストサイドの方にも、同じ収容所のような地区に生まれついた子どもがいるのを僕は知っていた。こうしたゲットーは、それぞれが、郊外と同じく計画的に造られたものだった。それは人種主義《レイシズム》の鮮やかな手口であり、連邦政府お墨つきの戦場なんだ。そこでは、僕ら黒人はまたしても尊厳を、家族を、富を、生命を略奪される。プリンス・ジョーンズの殺害と、こうした戦場につきものの殺人にはなんの差もない。どちらも、黒人なら残酷な行為をするだろうという推定に根ざしている。略奪の継承、法と伝統の網の目、世襲財産《ヘリテージ》、「ドリーム」……そうしたものが寄ってたかってプリンス・ジョーンズを殺したし、同じように、シカゴのノース・ローンデール地区で黒人たちをぎょっとさせられるほど定期的に殺しているんだ。「黒人同士の犯罪《ブラックオンブラック》」なんてのは意味不明なたわごとだし、言語への冒瀆だ。そんな言葉があるから、約款をひねり出し、貸付を定め、公営住宅《プロジェクト》を計画し、ストリートを造りだし、赤字を垂れ流す連中の存在が見えなくなるんだ。だけどこの程度のことで僕らは驚きはしない。黒人の生命の略奪は、この国の揺籃期にさんざんぱら教え込まれ、歴史を通じて強固なものにされてきたのであって、今や国の世襲財産《エアルーム》であり、知性であり、直感であり、僕らがたぶん最後の日までいやおうなく立ち戻ることを強いられるデフォルト設定にまでなっているんだよ。

シカゴやボルチモアやデトロイトの戦場は「ドリーマー」の連中の政策から生まれた。にもかかわらず、そこの重圧、そこの恥辱はそこで死んでゆく者たちが一手に引き受ける。ここに大いなる欺瞞がある。「黒人同士の犯罪《ブラックオンブラック》」と声高に言い立ててるなんてのは、人を撃っておきながら、血を流してるのはお前のせいだと責め立てるのと一緒だ。そしてこうした戦場の存在を可能にした前提——黒人の肉体を貶《おとし》めること——は、プリンス・ジョーンズ殺害を可能にした前提とまるで変わらない。白人として行動し、白人として話し、白人であろうとする「ドリーム」こそが、プリンス・ジョーンズを殺し、同じように、シカゴで黒人たちをぎょっとさせられるほど定期的に殺しているんだ。嘘を受け容れちゃいけない。毒をあおっちゃいけない。プリンス・ジョーンズの生命の周りを差別の赤線で囲んだのと同じ手が、ゲットーの周りを差別の赤線で囲んでいるんだよ。

僕はお前を恐怖や誤った記憶の中で育てたくはなかった。喜びを表さないようにしなきゃならない人生、目隠しをしなきゃならない人生は送ってほしくなかった。お前に望んだのは、意識に目覚めてゆくことだった。だから、お前にはなにひとつ隠し事をしまいと心に決めていたんだよ。

お前は一三歳になっていたかな。初めて仕事へ連れていった日のことを覚えているかい？　その日は黒人の息子を亡くした母親に会いにゆく予定だった。少年は白人の男と言い争いになり、かけている音楽の音量を下げるのを拒否して殺された。殺した男は、弾倉が空になるまで銃を撃ち、そのあと恋人を連れて車でホテルへ行った。ふたりで酒を飲んだ。ピザを頼んだ。そして翌《あく》る日、手の空いたときに自首して出た。男はショットガンを見たんだと主張した。身の危険を感じ、やむなく正当な暴力を使ってやっと相手を倒したんだと主張した。「自分は被害者だったけど、勝ったんですよ」と、何世代ものアメリカの略奪者たちが口にしてきたのと同じ言葉を言ってのけた。ショットガンはついぞ見つからなかった。それでもこの主張は陪審員団に影響を与え、男は殺人ではなく、逃げ出そうとした少年の友人たちに繰り返し発砲したことでしか罪に問われなかった。黒人の肉体を破壊するのは差し支えなかったのさ——けど手際よくやってのければもっとよかったのにということだな。

そこで、殺された黒人の少年の母親は、事件をジャーナリストやライターの元へと持ち込んだ。僕たちは、彼女が泊まっているタイムズスクエアのホテルのロビーで面会した。彼女は中背で肌は褐色、髪は肩まであった。評決からはまだ一週間も経っていなかった。だけど彼女は冷静でじゅうぶんに自制心をきかせていた。殺した男への激怒は表に出さず、息子に教えてきたルールが不十分だったんじゃないかという自問を口にした。彼女は息子には、自分の信ずるもののために戦い、他人に敬意を払う人間になってほしいとずっと思ってきた。そしてその息子は、自分と友人たちには音楽を大音量でかける権利があると、アメリカのティーンエイジャーでいられる権利があると、そう信じていたがゆえに亡くなったのだった。それでも、母親は自問し続けていた。「頭の中の声が止《や》まないんです。「言い返さなければ、声をあげなければ、今も息子はここにいたんじゃないか？」ってね」。

彼女は息子がユニークだったことを、息子の非凡な人生を忘れることはけっしてない。息子には彼を愛する父親がいて、彼女ががんで闘病中は息子を引き取ってくれたことを忘れることはけっしてない。息子がパーティーの盛り上げ役で、次から次へと見つけてくる友だちを、ミニヴァンで送り迎えさせられたことを忘れることはけっしてない。そして、自分の仕事を通じて息子を生かし続けるだろう。僕は、評決に憤《いきどお》りを覚えてますと伝えた。ご子息の車の中にショットガンがあったという申し立てを、いかにもありそうなことだと考える陪審員がいたと考えると困惑してしまいます、と伝えた。彼女は自分も困惑していると言い、それから、自分が落ち着いて分析しているのを憤りを覚えていないととり違えないでほしいと続けた。そうではなくて、神の教えに従い、怒りを復讐ではなく贖罪へと向けているんです、と言った。新たな活動に身を捧げよという、神の声が聞こえたのだと。そう言って、殺された少年の母親は立ち上がり、お前のほうを向いてこう言った。「あなたは生きている。あなたは大事な人間よ。あなたには価値がある。パーカーを着る権利も、好きな音楽を好きな音量でかける権利もちゃんと持っている。あなたはあなたでいる権利をちゃんと持っている。そして、あなたがあなたでいることは誰にも邪魔できない。あなたはあなたでいなくちゃだめよ。そうよ、あなたは、あなた自身でいることを怖がってはだめよ」。

うれしい言葉だった。僕も同じことをお前に言ってきたつもりだけど、彼女みたいな説明の仕方や明瞭さを欠いていたとしたら、それは正直に言って僕が恐れているからだ。それに、僕には支えとなる神がいない。連中が肉体を破壊すれば、それはすべてを破壊することだと僕は考えているんだし、僕らは誰もが——キリスト教徒だろうが、ムスリムだろうが、無神論者だろうが——この真実を恐れて生きていることを理解していた。魂の肉体からの遊離ってのは、一種のテロリズムだよ。そうやって脅すことで僕らの生き方を変えてしまうけど、テロリズムと同じで、その変化は作為によるものさ。魂が肉体から遊離するってのは、昔にさかのぼった話だが、知り合いの少年たちに、あれもこれも持っていると誇示させた怪物《ドラゴン》だ。魂が肉体から遊離するってのは、中流階級として生き延びた黒人たちをこれ見よがしの無抵抗——人目のあるところでの会話を抑制し、最高のマナーを示し、手をポケットからけっして出さず、「急に動いたりはしません」と意思表示する態度——へと追いやる悪魔だ。魂が肉体から遊離するってのは、まだほんの子どもだったというのに、僕に二倍行儀良くするよう求めた学校時代という蛇だ。殺人は僕らの周りにありふれていたよ。そして僕らは、心の奥深くのひそめいたところで、殺人の火元は僕らの手の届かない場所にあるし、殺人は誰かほかの人間の目的にかなっているんだ、とわかっていた。僕らは読み違えてはいなかったんだよ。

僕は人生で進歩したかどうかを測るのに、こんな方法をとっている。まずはウエストボルチモア時代を思い出すんだ。ノース・アンド・プラスキーのクルーの攻撃を避け、マーフィー・ホームズのクルーの襲撃から逃げていた自分を、学校とストリートに怯えていた頃の自分を想像する。それから、今はもういないその少年に僕の近況を伝えて、どう思うかと尋ねてみるんだ。少年をがっかりさせたと思うのは、たった一回あったきりだな——お前が生まれてからの二年間、僕のファイトの一ラウンド目と二ラウンド目だったな。これをお前に宛てて書いている今、僕は四〇歳を目前にしている。だいじな節目というほどじゃないけど、幼い僕には遠すぎて想像もできなかったはるかはるか先の未来だ。僕はボディーランゲージをなかなか理解できず、よってストリートを極めるなんてことはなかった。学校の勉強がいったいどこにつながるかが理解できなかったから、学校でも同じだった。だけど転落はしなかった。今は家族を持っている。仕事もある。パーティーでうなだれてみんなに「作家志望」と口にする必要もない。そして僕自身は神は持たずとも、人間であるという事実、学ぶ才能を持っていてそれゆえこの宇宙を漂う物質の中でも飛び抜けた存在である事実には、やっぱり畏怖の念を覚えるよ。

僕は学びのほとんどを、世界と僕のあいだの隔たりを完璧に理解する助けになる正しい問いかけを探るのに費やしてきた。「人種」問題の学習には時間を割かなかった。なにせ、「人種」って言葉は、問題を言い換え、矮小化したものでしかないんだからね。なにしろ、進歩するには、黒人と白人からなる大規模な乱交パーティー《オージー》を開いて、みんなが「ベージュ」に、つまり同じ「人種」になるまで続ければいいと提案する間抜けども——たいていが自分が白人だと信じてる連中だけどね——がときおりいるから、そこはお前にもわかっているだろう。実際には「黒い」人間の大多数はもうベージュなんだ。それに文明の歴史をふり返れば、そこには絶滅した「人種」（フランク族、イタリア人、ドイツ人、アイルランド人）がいくらもある。そうしたものが「人種」としては廃棄されてしまったのは、もはや目的を果たさなくなったからなんだよ。目的というのは、特権の傘のもと（ときにはそれを超えてだが）人々を組織するということだったんだ。

　この命がきょう終わるとしても、僕はお前に、幸せな人生だったと言えるだろう。学びからも、今お前に促しているような闘争の日々からも、大きな喜びをひきだしてきたと言えるだろう。お前も今回のお前への話の中で、闘争こそが僕を引き裂き、そのたびに作り変えるのを何度も見てきたはずだ——ボルチモアで、「メッカ」で、父親となったことで、そしてニューヨークで、ね。もう嘘にだまされず「ドリーム」を拒絶するようになってようやく手に入る大きな喜びは、そうした変化がもたらしてくれたんだ。だけどそれ以上に、そうした変化は僕に、学ぶという並外れた才能のいちばんうまい活かし方を教えてくれた。どうやって目にしたものに疑問を抱くか、その次に目にしたものにも疑問を抱くかを教えてくれた。というのも、疑問を抱くことは答えを得るのと同じくらい、いや、たぶんそれ以上に大切なものなんだからね。

だけど、ああ、僕の目のことがあった。小さい頃、僕の肉体でどこよりも成長が遅れてたのが、この目だった。僕がもし、子ども時代の物差しで測ったならうまくやってきた方だとしたら、ひと言付け加えておかなきゃならないな。僕のような囚われた階級の少年にはほとんど世界が見えてなかったから、物差し自体が狂わされてるんだってね。当時の僕にとっては、「ドリーム」ははるか山の頂上に思えたんだよ――金持ちとして育って、住むのは郊外にある隣の家とは十分な距離のある家だ。小さなコミュニティで、緩やかにカーブした道の先は袋小路《クルドサック》状になっているんだ。そこでは青春映画のような生活が演じられるし、子どもたちはツリーハウスを造るんだ。そして大学へ入る前の上の空になった最後の一年を過ごすティーンエイジャーたちは、湖岸に駐めた車の中で愛を交わすんだ。「ドリーム」は僕にとって世界の果て、アメリカの野心の絶頂に思えた。あのテレビのニュース番組の向こう側に、郊外の向こう側に、まだ何かが存在するなんてありうるんだろうか、って思えたんだよ。

だけど、お前のお母さんは知っていた。たぶんそれは、お母さんがそうした場所と物理的に境を接するところで育ち、「ドリーマー」の近くで暮らしていたからだろう。たぶん、自分は白人だと考える連中が、きみは賢いねとお母さんに言い、本当にそれほど黒くないねとほめ言葉のつもりでたたみかけたからだろう。たぶん近所の子ども、実際に黒い子たちがお母さんに、「黒い肌にしちゃ可愛い子」と言ったからだろう。お前のお母さんはずっとそれに居心地の悪さを感じていて、その違和感が、もっと自分にとって大切な場所があるんじゃないかという思いを生み、そしてその思いがお母さんを「メッカ」へ、ニューヨークへ、さらにその先へ駆り立てたんだろう。三〇歳の誕生日に、お前のお母さんはパリへ旅行に出かけた。まだ六歳だったから、お前は覚えてないかもしれないな。お前と僕はその週は、朝食に魚のフライを、夕食にはケーキを食べ、下着はカウンターに放りっぱなしのまま、ゴーストフェイス・キラーをがんがんかけて過ごした。たとえいっときでもアメリカを離れるなんて、僕には考えられなかった。視野狭窄だったのかもな。似たような境遇の僕の友だちジェラーニは、旅行なんて家賃代でピンクのスーツを買っちゃうみたいな無駄な贅沢だと言っていた。当時は僕も同じように思っていたな。お前のお母さんがパリに熱をあげているのには面食らうばかりだった。その気持ちが理解できなかったし、理解する必要もないと思ってた。僕の心の中では、七年生のときのフランス語の授業で止まっていたところがあったんだな。その頃は、差し迫った肉体の安全のことで頭がいっぱいだったし、フランスのことは、普通の人間が木星のことを考えるのと同じように考えていたんだからね。

だけど今や、お前のお母さんは体験しにゆき、そして帰国すると、目を輝かせながら、パリが持つ無限の可能性を語った。自分だけじゃなく、お前や僕のためにもなる場所だと言ってね。その感激ぶりは、もはや滑稽なくらいだった。まるで恋に落ちたみたいだったよ。こんな状態だったな——心をとらえたものは傍目《はため》には大したものじゃないし、夜も眠れなくさせるものもその人にしかわからないから、説明される側は、何も言えずに礼儀正しくうなずいてみせるしかないという状態さ。お母さんは、パリのそれこそあちこちで、扉の、それも巨大な扉の写真を大量に撮ってきた。濃い青の、漆黒の、オレンジの、青緑色《ターコイズ》の、そして燃えるような赤い色の扉の写真だった。僕はハーレムの小さなアパートで、その巨大な扉の写真をしげしげと眺めた。そういうものは見たことがなかった。こんなに巨大な扉があること、それが世界のある場所では当たり前で、別の場所ではまったく見かけないなんてのは、いちども頭に浮かんだことがなかったんだ。そしてお前のお母さんの話を聞きながら、こう感じた。フランスは「思考実験《ゲダンケンエクスペリメント》」の対象なんかじゃない現実の場所で、そこには僕らとは伝統も、暮らし方も、美意識も異なる現実の人間がひしめいているんだ、ってね。

振り返れば、当時の僕は、そういうメッセージをいろんなところから受け取っていたことがわかる。その頃までには、別の世界とのつながりを持つ人たちが僕の友だちの中にもかなり増えていた。年配の人からは、「黒人の誇りになりなさい」とよく言われた。だけどその頃までには、自分は生物学的な「人種《レース》」に結びつけられるというよりは、ひとつのグループの人間たちに結びつけられていて、そしてその人間たちは、お定《さだ》まりの肌の色やお定まりの肉体的な特徴のために「黒人」なんではないことを知っていた。彼らは、「ドリーム」の重みに苦しんでいるという点で結びついていたし、ほかにも「ドリーム」の重みの下だからこそダイヤモンドのように組成してきたもので結びついていたんだ——美しいもの、言葉遣いや挙措動作の癖、食べものや音楽、文化や哲学、共通のコミュニケーション・ツールといったものがいっぱいあったのさ。このあいだ、空港のベルトコンベアの前で荷物を待っていたときの話だよ。若い黒人にぶつかってしまった僕は、「悪いな《マイ・バッド》」と言った。すると若者は顔を上げもせず、「こっちこそ《ユー・ストレイト》」と言った。このやりとりには、黒人と呼ばれる種族《トライブ》の見知らぬ二人のあいだにしか生まれえない、ひそやかな絆《ラポール》が色濃く表れていたんだよ。言い換えるなら、僕はひと

つの世界の一員だった。そして外を見渡せば、そこには別の世界のやはり一員である友だちがいた——ユダヤ人とかニューヨーカーの世界、南部人とかゲイの男たちの世界、移民の世界、カリフォルニア州民とかネイティブ・アメリカンの世界、さらにはそれらのあれやこれやの組み合わせ——タペストリーのようにいろんな世界がいろんな世界に編み込まれていた。そして僕自身はこうした世界のどこの出身でもありえなかったけど、僕らのあいだにはだかるもので「人種」ほど本質を規定してしまおうとする性格のものはないことはわかっていた。この頃までに僕はもう本をたくさん読んでいた。そして僕の目——美しく大切な目——は、日に日に良くなっていた。だから僕には見えてたんだよ。僕を世界と隔てていたのは、僕らが生まれつき備えているものなんかじゃなく、僕らにレッテルを貼り、僕らにできる現実の行動より彼らが貼ったレッテルの方がだいじだと信じ込もうとする連中によって加えられる「現実の危害」なんだってね。アメリカではそうした危害は、黒い肌、厚めの唇、幅広の鼻といった生まれつきの特徴からじゃない。そうした危害は生まれた後に起きるいろんなことで加えられるんだ。あの若者とのいちどのやり取りで、僕は僕らの集団だけのいわば「個人言語《パーソナルランゲージ》」をしゃべっていた。ほんのつかの間の親密さだったけど、そこには僕ら黒人世界の美しさが多分に表れていたんだよ——お前のお母さんと僕とのあいだのくつろぎ、「メッカ」の奇跡、ハーレムの雑踏にまぎれるときの気持ちなんかがね。その感情を「人種的」と呼ぶのは、祖先たちが組成してきたダイヤモンドを略奪者に引き渡すのと一緒だ。その感情は僕ら黒人がつくり出したものだ。殺された人たち、陵辱《レイプ》された人たち、魂を肉体から遊離させられた人たちの投げかける影の中で鍛《きた》えあげたものかもしれないけど、それでも僕ら黒人がつくったものなんだ。それは僕が自分自身の目で見てきた美しいもので、そして僕にはこの観点が、はるばる旅に出かける前に必要だったんだと思う。自分もどこかに故郷があり、その故郷がどこにも負けない美しい場所だと知る必要があったんだと思う。

あの扉の写真を見てから七年後、僕ははじめて一六歳以上用のパスポートを取った。もっと早く思いつかなかったことが悔やまれるよ。フランス語の授業を受けてた頃に、活用形、動詞、名詞の性なんかを、もっと大きなことに結びつけていたら良かったんだがなあ。誰かが授業の本質を、この授業は今やっていることとは違うクールな世界への入り口なんだから、って教えてくれてたらなあ。僕はその世界を、扉を、扉の向こうにあるすべてを、自分の目で見たかった。出発の日、お前のお母さんとレストランへ行った。お母さんからは、ものすごくいろんなものを見せられていた。「怖いんだ」と僕は打ち明けたよ。実際に言葉が話せない。習慣もわからない。ひとりぼっちになるだろう。お前のお母さんは黙って聞いてから、僕の手を握ったよ。そしてその夜、僕は恒星船《スターシップ》に乗ったんだ。船は暗闇の中へ飛び出し、空を突き抜け、ウエストボルチモア、「メッカ」、ニューヨーク、それに僕の知っているいかなる言語、いかなるスペクトルも置き去りにしちまった。

搭乗券の関係で、まず着いたのはジュネーヴだった。いろんなことがめまぐるしく起きた。両替をしなきゃならなかった。空港から市中へ行く列車を、そこからパリ行きの列車を探さなくちゃいけなかった。何ヶ月か前からフランス語の勉強は始めてたけど、つっかえつっかえの代物だった。そして今や、フランス語が一斉に飛び交うなかで、フランス語を全身に浴びながら、僕ときたら「誰」「ユーロ」「あなた」「右の方へ」といったほんのわずかなフランス語の単語を理解できるだけだった。僕はまだすごく怯えていた。

列車の時刻表を調べているうちに、自分が、ウィーンだか、ミラノだか、僕の知り合いが誰も聞いたこともないアルプスの村だかからの間違った切符そのものだと気づいた。まさにそのときに起こったんだよ。遠くまで来た実感、恐怖、この先どうなるんだろうという思い、そうしたものすべて——恐ろしさ、驚嘆、喜び——が溶けあって、エロティックな興奮を覚えたんだ。その興奮はまったく馴染みのないものじゃなかった。ムーアランドで僕を飲み込んだ波に近かった。ワイングラスを手にした連中がウエスト・ブロードウェイにあふれ出てくるのを目にしながら麻薬を打たれる感覚に似ていた。パリの数々の扉の写真を眺めていたときの気持ちにそっくりだった。僕はその瞬間、そういう苦痛やみっともなさや混乱をともなった変化こそが、僕の人生の意味を明らかにするものなんだと実感した。そして初めて、自分が今ほんとうに活発で、ほんとうに学び観察しているのはもちろんだが、実際には自分はずっと前から活発だったんだ、それこそボルチモアにいた頃から活発だったんだと気づいた。僕はそれまでいつも活発だったんだ。僕はいつでも変化し続けていたんだもの。

パリへ着いた。六区のホテルにチェックインした。その辺りの歴史は何も知らなかった。ジェームズ・ボールドウィンやリチャード・ライトにはあまり興味がなかった。ジャン゠ポール・サルトルやアルベール・カミュも読んでなかったし、カフェ・ド・フロールとレ・ドゥ・マゴの前を通り過ぎても、特に気にもとめなかった。そういったものはどれも大切じゃなかった。その日は金曜で、気になったのは通りを埋め尽くす人々の驚くべき構成だった。カフェに集まったティーンエイジャー。リュックを脇に置いて、道路でサッカーを楽しむ学童たち。長いコート、風を受けてふくらむスカーフ、ブレザーという格好の年配のカップル。きれいでおしゃれな建物の数々から身を乗り出す、二〇代の若者たち。ニューヨークを思い起こす光景だけど、ここには次元の低い消えない恐怖はなかった。人々は鎧をまとっていない――少なくとも僕が気づくような鎧はね。脇道や小径《こみち》はバー、レストラン、カフェで賑わっていた。みんな歩いてた。歩いてない人間たちは抱き合ってた。僕は自分が自然権だなんだということは超越していると感じていた。僕のシーザー・カットの髪は幾何学模様で、剃り込みは刃《やいば》のように鋭くしていた。僕は出歩き、シチューに入れたバターのように街の中に溶け込んだ。頭の中で、アウトキャストのビッグボーイが歌う声が聞こえた。

単にそういうワル《プレイヤー》ってだけさ　ジーンズの折り目はぴしっとしてるさ
きれいな白のＴシャツを着て　キャップはちょいと東へ向けてさ

夕食は友だちととった。レストランは大きなリビングルームふたつ分の広さだった。テーブルがところ狭しと置かれていたが、座らせる場所を空けるのにウェイトレスは魔法を使い、テーブルのひとつを引いてすき間を作り出してから幼児椅子に坐る子どもみたいに客をそこに差し込んだ。客はトイレへ行くのにもウェイトレスを呼ばなきゃならなかった。いざ注文の段になると、僕はウェイトレスに向かって破滅的なフランス語をくり出した。彼女はうなずいただけで笑みはなかったが、不作法な態度はみせなかった。みんなで極上のワインを飲んだ。僕はステーキを食べた。バゲットを骨髄《ロス・ア・モワル》につけて食べた。レバーを食べた。エスプレッソを飲み、名前も知らないデザートを食べた。手持ちのフランス語をかき集め、ウェイトレスに料理のすばらしさを伝えた。彼女は僕の言葉をさえぎり、英語で言った。「こんなに美味しいもの初めてだった……でしょっ?」立ち上がって店を出た僕は、メニューの半分を平らげたばかりというのに、フェザー級のボクサーのように体が軽かった。次の日は早起きをして、パリじゅうを歩いて回った。ロダン美術館を訪れた。ビストロに入り、パーティーで可愛い子に声をかける少年のようにびくつきながら、ビール二杯とバーガーひとつを頼んだ。リュクサンブール公園まで歩いて行った。午後の四時頃だった。ベンチに腰を下ろした。庭園は人で賑わってたけど、その様子はやっぱり僕には馴染みのないものだった。その瞬間、奇妙な孤独感に包まれた。その日はまる一日、英語を一言もしゃべってなかったせいもあったんだろう。そもそも公園で腰を下ろすのが生まれて初めてで、そうしたい気持ちが自分の中にあることすら知らなかったせいもあったんだろう。周りにいるのは、公園で腰を下ろすのを当たり前のようにしている人間たちだった。

そのときふと思い浮かんだ。自分が今誰か別の人間たちの国の中にいるのは確かなのに、やっぱり自分はアウトサイダーなんだなあってね。それは当たり前のことだったのにね。アメリカでは僕は方程式の一部だ。有り難くない一部だとしてもね。僕は、ウィークデーの昼日中《ひるひなか》に二三番街で警察に呼びとめられる人間だ。「メッカ」へと駆り立てられた人間だ。ただの父親じゃなく黒人の少年の父親だ。ただの配偶者じゃなく黒人の女の配偶者で、黒人の愛情の重い意味を負わされた象徴だ。だけどこのリュクサンブール公園では、僕は生まれてはじめて異邦人だった。踏みしめる大地のない、根無し草の船乗りだった。そして、こういう孤独感を味わうのはこれが初めてなのを、誰かの「ドリーム」からそこまで離れたと感じるのはこれが初めてなのを、悲しく感じた。僕の世代の鎖の重みをずっしりと感じた——僕の肉体は歴史や政策の力で特定の地域に監禁されていたんだ。脱出する人間もいる。だけどこのゲームで使われてるのはいかさまダイスなのさ。もっとたくさんのことを知っていたらと思ったよ。もっと早くに知っていたらと思ったよ。その晩、セーヌ川近くの小径《こみち》に集まったティーンエイジャーたちが、一〇代らしい行為に興じるのを見つめてたのを覚えている。そして、自分の人生がそんなだったらどんなによかったか、恐怖と無縁の過去を送れていたらどんなによかったかと思ったのを覚えている。僕には個人的なそんな過去も、思い出もなかったよ。だけど僕にはお前がいたんだ！

僕らはその年の夏、ふたたびパリを訪れた。お前のお母さんがこの街のとりこだったから、僕がフランス語のとりこだったから。理由はいろいろあるけど、何にも増してお前のためだった。

僕はお前に、お前自身の人生を、恐怖に縛られない、いや、僕にも縛られない人生を送ってほしかった。僕は傷を負った人間だ。僕の体に染みついた古い掟は、ある世界では僕を守る盾になったけど、ほかの世界では僕を縛る鎖になった。思い浮かぶのは、お前のおばあちゃんが電話をかけてきた日のことだ。おばあちゃんは僕に、お前の背が伸びてることを指摘して、いつか僕が「試されるわよ」と言った。僕は、万が一そんな日が来たとしたら、それは僕が父親として失敗だったことだよと返した。なぜって、お前に勝《まさ》っているのが手をあげることだけだったとしたら、実際には何一つ勝っていることなどなかったからだ。だけど息子よ、許しておくれ。僕にはおばあちゃんの言いたいことがわかったし、お前がもっと小さかったときは、僕自身が同じように考えてたんだよ。今となってはそう考えていたのが恥ずかしいし、自分の恐れが恥ずかしいし、世代の鎖をお前の手首にも巻こうとしたのが恥ずかしいがね。一緒に過ごせる年月《としつき》が残り少なくなった今、僕は、お前にもっと優しくしていればよかったと思ってる。お前のお母さんは僕に、お前の愛し方を、キスの仕方や毎晩の「愛してる」の言い方を教えなくちゃならなかった。実は今でも、それをごく自然な行為というより儀式のように感じてるんだ。それは僕が傷を負った人間だからだ。きつい家で学んだ古いやり方に縛られてるからだ。あの家は自分の国に包囲されていたけど、愛すべき家ではあったんだ。だけど同時に、間違いなくきつかったよ。パリに行っても、その古いやり方を振り払えなかった。本能的にだが、狭い道に入るたびにうしろを振り返ったりいつも身構えたりするのも、振り払えなかった。

僕らが滞在して三、四週間が経った頃、僕に友人ができた。僕がフランス語をうまくなりたいと思うのと同じくらい、英語がうまくなりたいと思っている人物だった。ある日、その友人とノートルダム寺院の前の人混みで会うことにした。僕らはカルチェ・ラタンへ歩いて行った。ワインのお店に寄った。店の外に席があった。ふたりで腰を下ろし、赤ワインを一本飲んだ。山盛りになった、肉、パン、チーズが出てきた。これはディナーなのかな？　ここじゃこんな風にするのかな？　そのあたりをどう思えばいいのか、それまで考えたことさえなかった。それに、これは僕をはめるための手の込んだやり方じゃないのかな？　支払いは友人が持った。僕は礼を言った。だけど席を立つときは、向こうを先に行かせるように気をつけた。友人は僕に、パリならどこにでもありそうな古い建物の一つを見せたがった。あとについて歩くあいだじゅうずっと、僕は覚悟してた。彼がそのうちさっと横道に逸れ、僕はそこで待ち構える彼の仲間に身ぐるみ剝がされるんだってね。だけど、盗るって具体的には何をかな？　結局、新しくできた友人は本当にその建物を見せたいだけで、僕と握手をし、「ボンヌソワレ」と優雅に言ってから、広々とした夜の街へと歩み去った。その背中を見つめながら、僕は自分の観方《アイズ》のせいで、自分の観方がボルチモアで形づくられたせいで、自分の観方が恐怖に欺かれているせいで、その日の体験を満足に味わえなかったな、と感じていた。

僕の望みは、目くらましとなるこの恐怖から、お前をできる限り遠ざけることだった。お前には、別種の人々が別種のルールのもとで生きるのを見てほしかった。カフェで寄り添って座りながら通りを眺めるカップルを見てほしかった。ロング丈の白のワンピース姿で、ヘルメットもかぶらず年季の入った自転車のペダルを漕ぐ女や、ホットパンツを穿き、ピンクのローラースケートで飛ぶように走り去る女を見てほしかった。サーモンピンクのパンツに白のリネンシャツ、首に巻いた明るい色のセーターといういでたちの男たち、町角の向こうに消えたかと思ったら幌をたたんだ高級車でとって返す、人生を謳歌する男たちを見てほしかった。誰もが煙草を喫っていた。誰もが、すぐそこに、ぞっとするような死か、乱痴気騒ぎのどちらかが待ってると知っていた。お前はサン゠ジェルマン゠デ゠プレ教会の前に立ったとき、ろうそくの炎みたいに目を輝かせていたのを覚えているかな？　その姿こそ僕の生き甲斐だったんだよ。

だけどそれでも、お前には意識に目覚めてほしかった。お前には、恐怖からほんのいっときでも離れることが闘争から抜け出すパスポートになるわけじゃないことを理解してほしかった。僕もお前も、ふたりともどこまでいっても黒人だ。場所が異なれば意味合いが異なるとしてもね。フランスはフランスの「ドリーム」の上に、別の肉体の山の上に建っているし、思い出してほしいのは、お前の名前そのものが、フランスに抵抗し、植民地化というフランスの国家規模の窃盗事業に抵抗した男から貰ったものだってことだよ。なるほどフランスでは、肌の色が僕らを区別する決定的な特徴だったというよりも、むしろ僕らのへたくそなフランス語のなかにアメリカ人らしさが表れていたんだ。それから、アメリカに戻れば、自分を白人だと考えるアメリカ人の黒人観に何か偏ったもの、性的でわいせつなイメージがあるのも事実だからね。いずれにせよ、僕らはフランスの奴隷じゃなかった。僕らはフランスの特有の「問題」じゃないし、フランスの国家的な罪過でもない。僕らはこの国のニガーじゃない。だけど、それにほっとする部分があるにしても、お前にはそれに甘えてほしくない。自分の名前を思い出してくれ。お前と僕はブラザーだということを、つまり大西洋をまたいだ陵辱の果てに生まれた子どもであることを思い出してくれ。その事実とともに生じる意識の広がりを思い出してくれ。その意識は、究極的には絶対に「人種に関わる」ものではないことを思い出してくれ。その意識は「宇宙についての」ものでなきゃならないんだ。子どもたちを使って通りで物乞いをしているロマを、彼らに向けられた憎しみを思い出してくれ。アルジェリア人のタクシー運転手を、パリへの憎しみを隠そうともしない彼の口ぶりを、お前のお母さんと僕を見て言った「俺たちはみんなアフリカの下《もと》にひとつなのさ」という力強い言葉を思い出してくれ。ポンペイの町がいっとき休んでいる間にパリの街が建設されたとでもいうように、パリの街の美しさの下でごろごろ鳴る音を僕らみんなが感じとったことを思い出してくれ。あの見事な公園の数々、長い時間かけての昼食が、僕らにははっきりとはわからない何らかの物理法則のおかげでおしゃかになりかねないんじゃないかと感じたことを思い出してくれ――その物理法則はアメリカの僕ら黒人のルールやアメリカという国の思惑の親戚みたいなものなんだが。

お前のおじさんのベンと、おばさんのジャナイが一緒だったのはありがたかったな。ふたりとも僕と同じで、フランス人が創り出したものへの畏れとその多くが誰かの犠牲の上に成り立っているという事実のバランスをとらねばならなかった人間だったし、大人になってから旅行というものを知った人間だった。それに、ベンもジャナイも、アメリカではずっと「黒人」だったたし、たいていは自分の肉体を守ることに汲々としてきた人間たちだったからね。そのうえ、僕らはみな、アメリカで現に黒人の肉体を支配してる力と、フランスに繁栄をもたらしてきた力が、無関係というわけじゃないことに気づいていたしね。そう、フランス人のなし遂げたことのかなりは、ハイチ人の肉体の略奪、ウォロフ族の肉体の略奪、トゥクロール帝国の破壊、そしてサモリ帝国の首都ビサンドゥグの陥落を礎《いしずえ》として築かれたことに、僕らは気づいていたんだよ。

それは、トレイヴォン・マーティンを殺した男が無罪となったのと同じ夏だったし、その夏に僕が悟ったのは、どんなにスピードを出しても逃げおおせられないのを自分が受け容れていることだった。ほかの言語のなかにいるときでさえ、故国アメリカは僕らを見つけ出すんだ。お前の誕生日のお祝いで、ジャナイとベンと子どもたちと一緒に、メトロでナシオン広場へ行ったのを覚えているかい？メトロの駅を出たところで、若い男が抗議のため立っていたのを覚えているかい？手にした掲示にフランス語でなんと書いてあったか覚えているかい？「若者よ、レイシストの犯罪に抗して立ち上がれ！アメリカで一七歳の少年トレイヴォン・マーティンは黒人だからというので殺されたが、犯人は無罪放免だ」って書いてあったね。

僕は、あてのない青春時代に死にはしなかったし、まだ理解できていないんだという苦悶のうちに死ぬこともなかった。刑務所にも入れられなかったしね。僕は自分に対して、学校やストリートの先にもう一つ道があるんだと証明してみせた。自分が、巨大な自然災害、疫病、雪崩、地震といったようなものを生き延びた人間のひとりだと感じていた。そして、大量の殺害が起きた後でも生きていて、かつては空想上の土地だとまで思っていた場所にやって来た今となっては、僕にはすべてが光輪に包まれて見えた――パリジャンのまとうパステルカラーのスカーフはいっそう色鮮やかに映り、パン屋から漂ってくる朝のにおいは夢のようで、そしてまわりで飛び交う言葉は言語というよりダンスのように僕の心には感ぜられたんだよ。

お前の道は違うものになるだろうし、そうじゃなきゃいけないんだ。僕が二五歳のときにまだ知らなかったことを、お前は一一歳で知っていた。一一歳の僕のいちばんの関心は、自分の肉体の安全だったんだもの。僕の生活は、当座の暴力をどう切り抜けるかだった――自分の家の中でも外でもだよ。だけど、お前はもう期待を持っている。僕はお前の中にそれを見出すな。生き残ること、安全を確保することだけではもう満足できない。そうしたお前の希望――お前の夢と言ってもいいんだ――が、僕に相反する気持ちを抱かせる。僕はお前を本当に誇りに思う。お前の開放性、意欲、攻撃性、知性を誇りに思うよ。一緒に過ごす残りわずかの時間で、僕の仕事は、その知性を知性につりあった知恵にさせることだ。知恵には、お前がなじんだもの――ゲイバーが珍しくない都市や、メンバーの半分が英語以外の言葉をしゃべるサッカーチーム――の解釈が含まれるんだよ。僕が言ってるのは次のようなことさ。知恵のすべてがお前のものってわけじゃないし、それにお前の中にある美しさは厳密にはお前のものではなく、お前の黒い肉体がありえないほどに安全を享受できたからこそもたらされたものなんだ、ってね。

たぶん、だからこそマイケル・ブラウンを殺した奴が無罪のまま釈放されることになったのを知ったとき、お前は僕に「もういかなきゃ」と言ったんだろう。たぶん、だからこそお前は泣いたんだろう、なぜって、その瞬間《とき》にお前は、自分の相対的には特権的な身の安全をもってしても、「ドリーム」の名の下にずっと繰り返される襲撃にはたちうちできないと理解したからだ。この国の今の政治が、お前にこう言ってるんだ——仮にお前がそうした襲撃の餌食になり肉体を失ったとしたら、いずれにせよそれはお前のせいなんだ、ってね。トレイヴォン・マーティンのパーカーが彼を殺した。ジョーダン・デイヴィスの音量を上げた音楽が同じ結果を招いた。ジョン・クロフォードは、絶対に陳列してあるライフルに手を触れてはいけなかったんだ。カジーム・パウエルは馬鹿な真似をしないことを学んでいなきゃならなかったんだ。それに、彼ら全員にだが、躾をする父親がいればよかったんだがね——いやいや父親がいた人間たちにも、お前にもあてはまることだ。「ドリーム」は自らの重みで潰れてしまわないように、正当化をするものだからね。お前はそのことを、マイケル・ブラウンの件で初めて思い知った。僕はずいぶん遅くて、プリンス・ジョーンズの件で初めて思い知ったんだがね。
マイケル・ブラウンの死に方は、彼を擁護するたくさんの人たちが想像しなかったものだった。それでも、疑問のさらに背後にある疑問は一度も口にされていない。州の警官への暴行は、警官自身がその場で裁判官と死刑執行人を務め、裁判なしで判決を言い渡すほどの極刑に値する罪なのか？　それが僕らの望むかたちの文明化なのか？　そして変わらずに「ドリーマー」の連中は、市政を牛耳るためにミズーリ州ファーガソン市を略奪している。「ドリーマー」たちはムスリムを拷問し、ドローンで披露宴の会場を（過《あやま》って！）爆撃しているし、「ドリーマー」たちはマーティン・ルーサー・キングを引用して得得としている——弱者には非暴力を与えよ、強者には最強の火力を与えよ、ってね。警官が僕ら黒人に絡んでくる度に、殺されたり、傷害を加えられたり、不具にされる可能性が生じる。誰にでも起こりうること、とりわけ犯罪者には起こりうることと言ってことたれりとはできないんだよ。警官たちがプリンス・ジョーンズの追跡を始めるや、プリンスは生命の危機に陥ったんからね。「ドリーマー」たちは、それを自分らの職務に関わるコストだと受けとめ、僕らの肉体を通貨と受けとめるんだ。なぜって、それが連中の伝統だからだ。奴隷として、僕らはこの国に初めて入った棚ぼた《ウィンドフォール》だったし、この国が自由を勝ち取るための頭金だった。南北戦争の荒廃と解放の後には、懲りない南部と連邦再統合のための「贖罪《レデンプション》」と呼ばれるプロセスがやってきたし、僕らの肉体はこの国の二番抵当にされた。ニューディールの時代には、僕らは連中の客間、よくできた地下室となった。そして今日では、刑務所制度が野放図に広まり、黒人の肉体を倉庫に入れるのが、「ドリーマー」にとっての雇用創出プログラムにつながり、またおいしい投資先にもなった。世界の囚人の八パーセントが黒人男性である現在では、僕ら黒人の肉体は、またしても白人であるという「ドリーム」の資金源となっている。黒人の命は安いけど、アメリカでは、黒人の肉体は比類のない価値を持つ天然資源なんだよ。

III

そうして人間性は忘却のふちにまで追いやった。というのも、
彼らは自分たちが白人だと思っているからだ。

ジェームズ・ボールドウィン（「「白人」であること……や ほかの嘘について」）

プリンス・ジョーンズが死んでからの数年、僕は、プリンスの死の陰で生きざるをえなくなった人たちのことをしょっちゅう考えたものだよ。僕はプリンスのフィアンセのことを考え、何の説明もないまま将来がひっくりかえされるのを目の当《ま》たりにするとはどんなことかと思いを巡らしたものだ。僕は、フィアンセはプリンスとのあいだの娘さんに何と言うのだろうかと考えたし、娘さんは父親のプリンスのことをどのように想像するのか、どんなときに父親がいなくて寂しく思うのか、その喪失感をどんな風に詳しく話すんだろうか、そう思いを巡らしたものだ。だけどだいたいは僕はプリンスの母親のことを考えたし、自問するのはいつも同じことだったな。彼女はどのように生きているのか、ってね。僕はネットで彼女の電話番号を捜した。Eメールを送ったら、返信があった。それで僕は電話をし、訪問のアポイントメントをとりつけた。彼女が暮らしていたのは、フィラデルフィアから少し外れたところにある「ゲーティッドコミュニティ」の中だった。裕福な家庭ばかり集まる、周りをゲートとフェンスで囲んだコミュニティだ。僕が訪ねたのは火曜日で雨が降っていた。ニューヨークからは列車に乗り、それからレンタカーを借りた。それまでの数ヶ月間ずいぶんとプリンスのことを考えたもんだよ。お前やお前のお母さんと僕とで「メッカ」での「ホームカミング」に出席したがね。たくさんの友人が集まっていたけど、プリンスはそこにいなかった……。

ジョーンズ医師はドアのところで出迎えてくれたよ。美しく、上品で、褐色の肌をしていた。四〇歳から七〇歳のどこかに見えた。その年代は、黒人の場合には正確な年齢を突き止めるのが難しくなるんだ。僕らのあいだの話題を考えると彼女は落ち着いていたし、僕は訪ねているあいだじゅう、彼女がほんとうに感じていることと、僕が彼女が感じているに違いないと思うことをきっちりと分けるのに苦心した。そのときに僕が感じたのは、彼女が苦しげな眼差しのなかから笑みを投げかけてくること、家全体に黒いキルトのカヴァーを被せたように僕の訪問した理由がその家《や》を悲しみでいっぱいにしてしまっていたことだった。バックに音楽が流れていたのを思い出せるような気がするな。ジャズかゴスペルだった。でも、その記憶とは矛盾するが、深い静けさが何ものをも圧していた記憶もあるんだよ。それまで彼女は泣いていたんじゃないか、とそのとき思った。はっきりはしなかったけどね。彼女は大きなリビングルームに僕を招き入れた。家の中には僕らのほかに誰もいなかった。年明けだった。部屋の端には彼女の立てたクリスマスツリーがまだ残っていて、ソックスには娘さんの名前と亡くした息子の名前が書いてあったよ。ディスプレイテーブルには、額に入った息子の写真が、プリンス・ジョーンズの写真があった。大きなグラスに水を入れて持ってきてくれた。自分はお茶を飲んでいた。彼女が語ってくれたところでは、わたしはルイジアナ州オペロウサスの郊外で生まれたの、先祖はその地域で奴隷だったわ、奴隷だった結果として自分の世代までずーっと恐怖が谺《こだま》してるのよ、とのことだった。「わたしが四歳のときに初めてはっきりしたの」と彼女は言った。

母とわたしは町なかへと出かけたわ。グレイハウンドのバスに乗ったの。母のうしろについていたの。それでそのときは母はわたしの手を握っていなかったのね。わたしは見つけた席にそのままどすんと座ったのね。二、三分して母はわたしを探してまわって、それからわたしをバスのうしろの席に連れていって、どうして前の席には座れないのかと説明してくれたわ。わたしたちはとても貧乏だった。わたしの知っている周りの黒人はほとんどがそうだったけどね。で、わたしの白人に抱いていたイメージは、町に出かけてお店のカウンターの向こうには誰がいるのかを知ったり、母が誰のために働いているかを知ったりするところから来ていたのね。隔たりがあるのがはっきりしたわけね。

その大きな隔たりを僕ら黒人はあらゆる風にして思い知らされるんだよ。七歳の女の子が学校でいじめられたあと、とぼとぼと家に帰って両親に尋ねるんだ。「あたしたちはニガーなの？　ニガーってどういうことなの？」　ときにはあからさまでないこともある。誰がどこに住んでいてどんな仕事をしているかとか、誰はそうじゃないとかの単なる観察なんだね。ときには全部がいっぺんに来ることもある。僕はお前が個人的にいつその隔たりに気づいたかをこれまで尋ねたことがない。それはマイケル・ブラウンのときだったかな？　僕は知りたいとは思わないけどね。だけど、僕には、お前にすでにそれが起こっていることも、自分が特権的な子どもだけどそれでもほかの特権的な子どもたちとは違っているともう推測していることも、わかってるんだ。なぜって、お前はこの国の他の誰よりも破壊されやすい肉体の持ち主だからだよ。お前に知ってほしいのは、これはお前の落ち度なんぞじゃないということだ。仮につきつめてゆけばお前の負わなければいけないことだとしてもね。お前の負わなければいけないことだというのは、お前が「ドリーマー」の連中に囲まれているからだよ。お前のパンツのはき方だとか髪型がどうとかといった黒人らしさには関係ないんだよ。お前と連中との隔たりは意図されたものなんだよ――連中のやり方も、それで都合が悪いことが起きたら忘れちまえという連中の習慣も意図されたものなんだよ。隔たりは効率的に分類するのを可能にするけどね――略奪される人間と略奪者、奴隷と奴隷所有者、シェアクロッパーと地主、それに食人種《カニバル》と食われてしまう人間、ってぐあいにね。

ジョーンズ医師はうち解けず控えめだった。彼女は、みながかつて「レディ」と呼んだ存在だったし、その意味では僕に僕自身のおばあちゃんを思い出させたよ。公営住宅《プロジェクト》に住んでいるシングルマザーだったけど、いつでもすてきなことがあるように話したものだった。ジョーンズ医師が、父親も含めてだけど彼女の周りにいたシェアクロッパーの生活に運命づけられていた欠乏や飢餓を逃れようとした動機について語ったときも、「あたしはこんな暮らしをする気はない」と口にしたのを自ら思い返したときも、僕は彼女の瞳の中に鉄の意志を見てとったが、僕のおばあちゃんの目にもそれがあったのを思い出していたんだよ。お前は今となっちゃほとんど彼女のことを思い出さないに違いない。僕のおばあちゃんが亡くなったときお前はまだ六歳だったからね。むろん僕は僕のおばあちゃんのことを覚えているが、僕がおばあちゃんを知った頃までにはおばあちゃんの偉業――たとえば、昼は白人のために床をごしごし磨きながら夜学に通うとかね——は伝説になっていたよ。けれど僕は、そうなったおばあちゃんからも、公営住宅《プロジェクト》から脱出させて持ち家の住人にさせた力強さと清廉といったものを感じることができたんだよ。

ジョーンズ医師と一緒にいて僕が感じたのも同じ力強さだった。彼女が小学二年生のとき、もうひとりの女の子と、一緒に医者になろうねという契りを結んだんだそうだ。そして彼女はそのとりきめをきちんと果たした。だけど彼女は、まず、自分の町のハイスクールで人種統合を果たさせたんだ。初めのうちは、彼女は自分を侮辱した白人の子どもたちと戦わなきゃならなかった。最後には、その彼らが彼女を級長に選んだんだけどね。彼女は競争を続けた。「たいそうな入場許可」だったのよ、とジョーンズ医師は言ったけど、それまでのところ、入場許可は彼らの世界に入れてやったというに過ぎなかった。アメリカンフットボールのゲームで、他の生徒たちは黒人の花形ランニングバックに大声援を送ったものだが、敵側の黒人のランニングバックがボールをとると、「あのニガーを殺せ！あのニガーを殺せ！」と叫ぶ始末だった。彼らは、彼女の隣に座っていながら現実には彼女がそこにいないかのようにそう叫んだのだった。彼女は子ども時代には聖書の朗唱をしていたが、その役目に補充されたときの話をしてくれた。彼女の母親が、子ども聖歌隊のオーディションに彼女を連れていったんだけど、後になってから聖歌隊の指揮者がこう言った。「ねえ君、君は朗唱の方にまわるべきだと思うんだけどね」。彼女は控えめな笑い声をあげた。大笑いではなく、まだ肉体を制御できていた。僕は彼女はウォーミングアップをしているんだろうなと思った。彼女が教会のことを語るとき、僕は、お前の知っている方のお前のおじいちゃんのことを考えていた。おじいちゃんの最初の知的な冒険が聖書の一節一節を朗唱するなかで得られたことをね。同じ経験をしたお前のお母さんのことも考えていた。それから、自分が、僕らの同胞にとっては唯一の支えであることが多かった宗教という制度から距離を置いていることを考えていた。僕は、自分がその距離のなかに、お前に伝えていたかもしれないものをなくしてしまったんじゃないかな、とよく考えるんだよ――この宇宙における希望という観念、世界についての僕自身の卑小な物理的理解を超えた知恵、肉体を超えた何ものか、なんかをね。僕はまさにそのときにもそれを思っていた。というのも、これまで僕が理解してきたことを超えた何ものかが、メイブル・ジョーンズを並外れた人生へと駆り立てたんだから。

ジョーンズ医師は全額給付奨学生として大学に進んだ。ルイジアナ州立大学の医学校に入った。海軍に勤務し、放射線科を選んだ。当時ほかに黒人の放射線科医を彼女は知らなかった。僕はそれは辛かっただろうと推測したが、彼女はそれを侮辱ととった。彼女は何にせよ黒人ゆえに不快なことがあったとは認めなかったし、また自分を図抜けた人間として語ることもしなかった。なぜかっていうと、そうすることはたいへんな譲歩になってしまうからだよ。意味を持つ唯一の期待はメイブル・ジョーンズ個人への評価に根ざしていなければならないというのに、黒人という種族《トライブ》への期待が尊重されるべきものになってしまうからね。そして、自分が黒人だからどうのこうのと言われたくないという観方に照らせば、彼女の成功には驚くべきことは何もなかった。というのも、メイブル・ジョーンズはいつもアクセルを思いっきり踏んでいたからだ。その踏み方は好い加減なものではなくひたすら踏むものだったんだよ。そしていったん取りかかったら、死ぬまでやらなきゃならない。彼女の人生に対する気構えは、エリートのアスリートのものだった。彼らは、対戦相手は汚く、レフェリーは賄賂を貰っているとわかっているが、同時にあと一勝で優勝に手が届くのもわかっているんだ。

ジョーンズ医師は息子プリンス・ジョーンズを、「ロック」という通り名だった自分の祖父に敬意を表して「ロッキー」と呼んでいたそうだ。僕はプリンスの子どもの頃について尋ねてみた。というのもこれはほんとうのことなんだが、僕はプリンスのことをそれほどよく知らなかったからだ。プリンスは、パーティーで会えば愉快になれ、友だちに「あいつはいいブラザーだよ」と言える類《たぐい》の男だったが、彼の活動についてはきちんと説明できはしなかった。だから、ジョーンズ医師にプリンスの話をしてもらえば、少しは理解が深まるんじゃないかと思ったんだ。彼女の話では、プリンスはいちど、コンセントに釘を打ち込んで家じゅうを停電させてしまったそうだよ。スーツとネクタイを身につけ、片膝をついて、母親にコモドアーズの「永遠の人に捧げる歌」を歌ったこともあったそうだ。通った学校はどこも私立校――「ドリーマー」でいっぱいの学校――だったけど、ルイジアナ州でも、後《のち》のテキサス州でも、友だちには困らなかった。僕はジョーンズ医師に、プリンスの友人の両親から彼女がどう扱われていたかを尋ねた。「その頃までには、私は地元の病院の放射線科の科長でしたから、一目置かれていました」。そう語る目にやさしさはなく、まるで関数の説明をしているみたいに客観的な言い方だったね。

母親と同じで、プリンスは賢かった。ハイスクールは、テキサス州で数学や科学を中心とする「マグネット・スクール」の一つに入学できたが、大学の単位が取れる学校だった。アンゴラ、オーストラリア、アフガニスタンなどとほぼ匹敵する人口を持つ州から生徒を集めているのに、黒人はプリンスただ一人だった。僕はメイブル・ジョーンズ医師に、息子をハワード大学に行かせたかったかと尋ねた。「いいえ」と彼女は微笑んで答え、「そのことを話題にできてよかったわ」と続けた。それを聞いて自分が邪魔をしているだけではないと思えたので、僕は少し気が楽になった。プリンスを進ませたかった大学を尋ねた。彼女は言った。「ハーヴァード。ハーヴァードでないならプリンストン。プリンストンでないならイェール。イェールでないならコロンビア。コロンビアでないならスタンフォード。息子はそのくらい力のある生徒でしたから」。だけどハワード大学へ来る学生の少なくとも三分の一がそうであるように、プリンスは黒人の代表を務めなきゃならないのに飽き飽きしていた。ハワード大学にはそういう、僕とはタイプの異なる学生たちがいた。彼らはジャッキー・ロビンソン型のエリートの子弟だった。彼らの両親は、ゲットーを抜け出したりシェアクロッパーの境遇を抜けだしたりして郊外族になったものの、そこでもしょせん自分の身に押された烙印は消えないし、逃げ場もないと知ってしまったんだ。実際に成功を収めた人も多かったけど、そうであってさえ、選別され、見本とされ、多様性《ダイヴァーシティ》の例として美化されたんだ。象徴や目標であって、けっして子どもやヤングアダルトではいられなかった。だから当たり前の存在になりたくてハワード大学へ入ったんだけどね——当たり前の存在どころか、そこで「黒人の当たり前」がどれほど幅広いかを知ることになったんだよ。

プリンスはハーヴァード大学にも、プリンストン大学にも、イェール大学にも、コロンビア大学にも、スタンフォード大学にも出願しなかった。彼が欲しかったのは「メッカ」だけだった。僕はジョーンズ医師に、プリンスがハワード大学を選んだのを悔やんでいますかと尋ねた。彼女は、まるで僕があざになってるところを思いきり押したみたいに喘いだ。「そんなことはないわ」と彼女は言った。「悔やんでるのは、息子が死んだことよ」。

たいへんなおちつきと、さらにたいへんな痛みを伴って、その言葉をジョーンズ医師は口にした。たいへんな危害が起きてるアメリカだから身に着けざるをえないものだけど、傍目《はため》には奇妙に映る冷静さと自制心をもって、その言葉を彼女は口にしたんだよ。お前は六〇年代のシットインの写真をじっくり見たことがあるかい？　じっくり、真剣にだ。彼らの顔を見つめてみたかい？　彼らの顔には怒りもなければ、悲しみも、喜びもない。ほとんどどんな感情も読み取れない。彼らの視線は、自分たちを苦しめる人間にも、僕らにも向かっていず、僕には理解の及ばない遠い先の方に焦点を合わせている。僕の考えでは、彼らは神と結ばれているんだ。僕の知るはずのない神、僕の信じない神にね。神にせよそうでないにせよ、鎧は彼らの全身を覆っているし、それは現実なんだ。いや、ひょっとしたらそれはそもそも鎧なんかじゃないんだろう。それはたぶん人生のスパンを長く取っているんだ――言ってみればローンのように、今は襲いかかる暴行の数々を受け容れるが、その借りは後になってキャッシュで返させてもらうよってね。いずれにせよ、そうした写真の中に見る気高いがうつろな表情を、僕はメイブル・ジョーンズ医師の中にも見出していたんだ。彼女の鋭い茶色の目、涙がたまっていてもあふれさせない目の中にね。彼女はみごとに自分を抑えていた。ロッキーが略奪されてからの日々、彼女の血筋が奪われてからの日々が苛酷にも要求した、それが結果だったに違いなかった。ジョーンズ医師は助けを求めて国にすがることもできなかった。プリンスの件では、国は最善というやつをつくした――彼女の息子のことを忘れたのさ。忘れるのはこの国の習慣で、「ドリーム」のもうひとつの必須要素なんだ。連中は、奴隷制の中で自分たちを富ませた窃盗の規模をもう忘れている。一世紀にわたって黒人から投票権を盗ませてきた彼らの恐怖をもう忘れている。郊外を造らせた分離主義の政策をもう忘れている。連中はもう忘れている。覚えていたら、麗しの「ドリーム」から転げ落ち、僕ら黒人と一緒に世界の底辺《ビロウ》で生きなきゃならなくなるだろうからね。僕には確信があるよ。「ドリーマー」――少なくとも今日《こんにち》の「ドリーマー」――は、自由に生きるよりも白人として生きることを望んでるんだ、とね。「ドリーム」の中でなら、連中はバック・ロジャースやアラゴルン二世、スカイウォーカー一族でいられる。連中の目を覚まさせることは、連中の帝国が人間の築いたものであり、人間の築いたいかなる帝国の例に洩れず肉体の破壊の上に建っているのを暴露することになる。そうなったら、連中の高貴さを汚すものとなるし、連中のことを、脆く、過《あやま》ちを免れられぬ、破壊されやすい人間にしてしまうことになるんだよ。

その電話は、ジョーンズ医師が眠っているときにかかってきた。朝の五時で、電話の向こうの刑事はワシントンDCまで来るようにと言った。彼女のロッキーは病院にいた。ロッキーは撃たれたのだ。彼女は娘を連れて車を走らせた。息子がまだ生きていると信じこんでいた。こういったことを説明しながら、彼女は何度か言葉をつまらせた。ふたりはＩＣＵに直行した。ロッキーはそこにはいなかった。威厳を持った人間たち――たぶん、医師、弁護士、刑事といったところだろう――が彼女を部屋の一つへと連れて行き、プリンスは亡くなりましたと伝えた。彼女はそこでまた言葉をつまらせたが、泣き出しはしなかった。今こそ、とりわけて冷静さがだいじだったんだよ。「それまでに感じたどんなものとも異なっていたのよ」と彼女は言った。「体に激痛が走る感覚だったわ。それがはなはだしかったので、息子のことが頭に浮かぶたびに、私はただ祈りを捧げて慈悲を乞うしかなかったの。気が狂うんじゃないかと思ったわ。気持ちが悪くてね。このまま死ぬんだって気がしたものよ」。

僕はジョーンズ医師に、プリンスを撃った警官が起訴されると思っているかを尋ねた。「ええ」と彼女は答えた。複雑な感情のこもった声だった。アメリカ人としての彼女は、ずいぶん前に医学校へ入ったときと同じ公平性――それが遅ればせながらのそれも出し渋った公平性だったとしても――を期待して語っていた。一方で黒人女性としての彼女は、そうした気持ちがそっくりえぐり取られてしまう痛みを感じながら語っていた。

そこまで聞いて、僕は新婚だという彼女の娘が気になった。部屋には娘と新郎の写真が飾られていたよ。ジョーンズ医師は、楽観的になれなかった。娘がアメリカで息子を産むことをひどく心配していた。その孫を助けられないし、息子のプリンスの生命を奪ったお定まりの暴力から孫の肉体を守ることもできないからだった。ジョーンズ医師はアメリカをローマ帝国になぞらえてみせた。「この国の栄光の日々はとうに過ぎ去ったし、栄光の日々でさえ名誉を汚されたものだったと思うわ。だって、ほかの人間の肉体を犠牲にして成り立っていたんですもの」ってね。「だけど、私たちは教訓を引き出せないのね」とも彼女は言った。「自分たちの死を容認していることを理解していないんだもの」。

僕はジョーンズ医師に、お母様はご存命ですかと尋ねてみた。プリンスの亡くなった二年後の二〇〇二年に八二歳で他界したとのことだった。プリンスの死を、彼女の母親がどう受けとめたかを聞いてみると、ジョーンズ医師は消え入りそうな、ほとんどささやくような声でこう言った。「受けとめたとは思えないわね」。

ジョーンズ医師は、一八五三年に発表された自由黒人の奴隷体験記『一二年間奴隷として』の話を持ち出した。「彼はそこにいたのよ」とソロモン・ノーサップ——解放奴隷の男性と自由身分の混血黒人《ジャン・ド・クールール・リーブル》出身の女性のあいだの息子だった——について語った。「彼には資産があった。家族があった。人間らしく生きていた。でも、人種主義的行為が一回あっただけで、ノーサップは奴隷に連れ戻された。私の場合も同じよ。長年かけてキャリアを築き、資産を手に入れ、責任ある地位に就いた。そこに、人種主義的行為が一回あった。その一回でじゅうぶんだったわけね」。それから、彼女の持っていたあらゆるものについての話にまた戻った。たぐいまれな勤勉さと、絶え間ない努力の末に手に入れたもの、苛酷な貧困から抜け出てきた長い旅路のなかで手に入れたものの話に。子どもたちを贅沢な環境のなかで育てた様子を語った。年に一度はスキー旅行とか、ヨーロッパへの観光旅行とかね。娘がハイスクールでシェイクスピアを勉強していると聞けば、イングランドまで連れて行った。娘が一六歳で車の免許を取ったときには、玄関前にマツダ626を駐めておいた。そういう与えたがりな性格は、ジョーンズ医師の若年時代の赤貧とつながっている気が僕にはしたよ。子どもたちのためであると同時に彼女自身のためでもあったという気がしたんだ。彼女は、プリンスには物欲がなかったと言った。プリンスは大の読書好きで、大の旅行好きだった。それでも、息子の二三歳の誕生日にはジープを贈った。巨大な紫のリボンをかけて贈った。息子の姿が今も目に浮かぶわ、と彼女は言った。ジープを見て、一言「ありがとう、母さん」と言ったプリンスの姿がね。それから彼女は息も継がずにこう口にしたんだ。「それが、息子が殺されたときに乗っていたジープだったのよ」。

メイブル・ジョーンズ医師の家を出てから、僕は車の中で何分間か、何をするでもなく座っていた。彼女が息子に注ぎ込んだすべてと、失われたすべてを思いながらね。プリンスを「メッカ」に引き寄せた孤独や、「メッカ」や僕らが彼を救えなかった事情を思っていた——せんじつめれば僕らが自分たち自身を救えない事情なんだけどね。あのシットインを、ストイックな顔つきの抗議者《プロテスター》たちを思い返していた。僕は昔、彼らのことを、人生で最悪の状況に身を投じる愚かな人間たちだと嘲っていたものだ。だけどたぶん彼らは、世界の苛酷さの一端を知ってしまっていたんだ。だからたぶん、安全や尊厳なんてそもそもありはしないとして、黒い肉体の安全や尊厳をあれほど進んで手放したんだ。そういう一九六〇年代の古い写真の数々、棍棒や犬のために倒れ伏す黒人たちを映したフィルムの数々は、断じて恥辱なんかじゃない。絶対に違う。彼らは純粋だっただけなんだ。僕らは拘束されているし、くそっ、アメリカの多数代表制主義者の強盗どもに取り囲まれているんだ。それは僕らの唯一の故国であるこの国に起きてることだし、恐ろしいことに、僕らはここから、意志の力で勝手に逃げることもできないんだ。だからこそ、運動は昔も今も、こんな希望を持ちたがるんだろうね。「ドリーマー」の連中を夢から覚めさせたいという希望を、そう、彼らの白人でなくちゃならない、白人らしく話さなきゃならない、自分を白人だと考えなきゃならない——つまり完全無欠の人間だと考えなきゃならない——という必要が世界にもたらしてきたものについて、真実を連中の目の前に突きつけたいという希望をね。

だけどお前は、そうした希望と、「ドリーマー」の連中が意識に目覚めるというわずかな可能性とにすがって人生を送ることはできない。僕らの瞬間はあまりにも短い。僕らの肉体はどこまでもかけがえがない。そしてお前は今ここにいるし、お前は生きなきゃならない——しかも世界には、ほかの誰かの国だけじゃなくお前自身の故国にも生き甲斐がいっぱいあるんだよ。僕を「メッカ」に導き、プリンス・ジョーンズをたぐり寄せた「ダークエナジー」の温もり、僕らのこの特別な世界の温もりは、いかに短く破壊されやすいものであっても、素晴らしいものなんだよ。

思い返すのは、「ホームカミング」に出かけたことだ。思い返すのは、とても楽しい時間が僕らの上を流れていたことだ。僕らはフットボールの試合を観ていた。屋根のない観客席に、古い友だちやその子どもたちと一緒に座っていた。ファンブルも、ファースト・ダウンもどうでもよかった。ゴールポストの方を見つめると、同窓生のチアリーダーたちがいたのを憶えている。ハワード大学をこよなく愛する彼女らは、懐かしいユニフォームを身にまとっていたが、身体にフィットするようにユニフォームを少しばかり手直ししていた。彼女らが踊ってたのを思い出すなあ。体を揺らし、静止し、また揺らす。観衆から「行け！　行け！　行け！　行けーっ！」という叫び声があがると、二列前に坐っていたきつきつのジーンズの黒人の女が立ち上がって、まるで子持ちの母親なのを忘れたように、過ぎ去ったのが二〇年じゃなくてほんの一週間だとでもいうように、体を揺らした。お前を置いてテールゲート・パーティーへ向かったのを覚えている。お前を連れては行けなかったけど、そこで見たものを話すのは難しいことじゃない――僕の周りはまさにディアスポラだったよ。やり手商人《ハスラー》、弁護士、カッパだのデルタだのって友愛会の連中、浮かれ屋、医師、床屋、飲んだくれ、マニア、おたく、ってぐあいでね。ＤＪはマイクに向かって叫んでた。若い連中はそっちへ向かって押し合いへしあいしていた。若い男がコニャックの壜を取り出して栓をひねった。一緒にいた娘が顔をほころばせ、頭をそらせ、それを飲んで、笑い声をあげた。僕は、みんなの肉体に自分が溶けこんでいくように感じたよ。生まれついての呪いのあざは消えていた。両腕が重く感じられたし、息があえぐのが自分で聴き取れた。僕はそのときしゃべってなんかいなかった。しゃべってなんになるっていうんだ。

　その瞬間は、「ドリーム」の束縛を逃れた喜びの瞬間だった。どんな投票権法案よりも豪勢な力に満ちた瞬間だった。この力、この黒い力《ブラックパワー》は、闇の中の無くてはならない惑星の地球からとりだされたアメリカという銀河系が見えるところで生じているんだよ。黒い力はトマス・ジェファーソンの邸宅のあったモンティチェロの地下貯蔵室側の視点だ――つまり闘争の中で得られた視点だ。そして、黒い力はある種の理解を生み、その理解はすべての銀河系を本来の色に染め上げる。「ドリーマー」

の連中でさえ――夢想にふけりながら――それを感じとるんだ。なぜなら連中が悲しみの中で聴くのはビリー・ホリデイだし、大胆にも叫ぶのはモブ・ディープだし、恋心の中で口ずさむのはアイズレー・ブラザーズ、どんちゃん騒ぎの場で叫ぶのはドクター・ドレ、いまわの際に聴くのはアレサ・フランクリンだからさ。僕らは地下貯蔵室側でたいしたものを生み出してきたんだよ。僕らは「ドリーマー」から「一滴規定《ワンドロップルール》」を取り上げて、それをはじき飛ばしたのさ。連中は僕らを人種《レース》の枠に押しこめたけど、僕らは自分たちを黒い人間《ブラックピープル》たちにしたんだ。この「メッカ」で、淘汰の痛みのもとで、僕らは故郷をつくってきた。……黒人《ブラックピープル》が、注射針とアンプル、石蹴り遊びの枠線が目立つ夏の「ブロック・パーティー」で故郷をつくってきたようにね。黒人が、「レント・パーティー」で踊りまくりながら故郷をつくってきたようにね。黒人《ブラックピープル》が、破滅を生き延びた人間として再会する親戚の集いで故郷をつくってきたようにね。黒人が、コニャックとドイツビールで乾杯し、マリファナたばこをまわし喫いしながら、MCについて議論するなかで故郷をつくってきたようにね。死の船旅を乗り越え、生きてこの地アメリカへとたどり着いた僕ら黒人全員が故郷をつくってきたようにね。

この愛の力が、プリンス・ジョーンズを引き寄せた。その力は神なんかじゃない。その力は、すべて――「ドリーム」でさえ、いや「ドリーム」こそ――は脆く壊れやすいということへの深い理解のことだ。車の中に座りながら、僕はジョーンズ医師がこの国は破滅すると予言したことを考えていた。そうした予言はこれまでもずっと、マルコムや彼の死後の追随者たちから聞いてきたものだ。声高にこう言っていた――「ドリーマー」の連中は必ずや自分が播《ま》いた種を刈り取らなければならないってね。マーカス・ガーヴェイの言葉にも同じ予言があったね。ガーヴェイは、復讐に燃える祖先たち、中間航路のおおぜいの亡霊たちのまき起こすつむじ風の中をアフリカに帰還することを約束したものだった。違うなあ。僕が「メッカ」を去ったのは、そうは問屋がおろさないとわかったからだし、万が一「ドリーマー」の連中が自分が播いた種を刈り取らなきゃならなくなったら僕ら黒人も肩を並べて刈り取らなきゃならないとわかったからだ。略奪は、習慣や中毒の域に達してしまってるんだよ。黒人ゲットーでの機械的な死や、民営刑務所での集団的陵辱《レイプ》を生み出し、しかる後には自分たちはそれを忘れるよう企むことができる連中なら、必ずや今までよりずっとたくさんのものを略奪するに違いない。これは、予言を信じる信じないという次元の話じゃなく、ガソリンは安い方に買いに行こうというプラクティカルな次元の話なんだよ。

　かつて、「ドリーム」の母数《パラメーター》にはたかが嵌《は》められていた。テクノロジーによるものも、馬力だの風力だのの限界によるものもあったけどね。だけど「ドリーマー」の連中は腕をあげてきた——ダムを造っての潮力発電、石炭の液化プロセス、石油からの食品製造が、略奪の範囲をかつてないほどに広げている。こうした革命があって、「ドリーマー」の連中は、人間の肉体だけじゃなく、地球そのものの肉体まで、自由に略奪できるようになったんだ。だけど、地球は僕らが創り出したものじゃない。地球は僕らに敬意を払っていない。地球は僕らを必要としてない。そして地球の復讐は、都市を炎で包むどころか、天をも炎で焦がす。マーカス・ガーヴェイよりも猛烈なものが、つむじ風に乗っているんだ。復讐に燃えるアフリカ人の祖先よりもっと恐ろしいものが、海面とともにせり上がっているんだ。そのふたつの現象は互いにつながってるんだよ。今の時代の始まりを告げたのは、僕ら黒人の鎖につながれた手から手へと渡された棉花だった。連中を、区画化された元々は森林だった場所に住む郊外族にしたスプロール化現象というのは、僕ら黒人からの逃走だ。都市の郊外にだらしなく広がったこうした新しい住宅地区を往き来する手段は自動車だけど、それは地球の首に、ひいては「ドリーマー」の連中自身の首に回された首つり縄なんだよ。

メイブル・ジョーンズ医師の家を離れ、車を走らせながら、僕はこうしたことをいろいろと考えていた。いつものように、お前のことも考えていた。サモリ、僕は自分たちが連中を止められるとは思っていない。なぜなら、最終的に連中を止めるのは連中自身でなくちゃならないからだ。ただそれでも、僕はお前に闘争するのを求める。お前の祖先の記憶のために闘うんだ。知恵のために闘うんだ。「メッカ」の温もりのために闘うんだ。お前のおじいちゃんやおばあちゃん、お前につけられた名前のために闘うんだ。だけど「ドリーマー」の連中のためには闘うな。連中のためには、願ってやれ。もし心が動いたというなら、祈ってやれ。だけど、お前の闘争で連中を変えようなんて思ってはいけないよ。「ドリーマー」の連中は自分で闘うことを学び、連中が「ドリーム」をかなえるための大地が、連中が白いドーランを塗って立ってきた舞台が、今や僕らみんなにとっての死の床なんだと自分で理解しなきゃならない。「ドリーム」は、この惑星を危険に追いやるのと同じ習慣、僕らの肉体を刑務所やゲットーへ押し込むのと同じ習慣なんだ。ジョーンズ医師の家から戻りながら、僕の目にはそうしたゲットーが見えた。それは、僕が何年も前にシカゴで見たのと同じゲットーだったし、僕の母さんが育ち、僕の父さんが育ったのと同じゲットーだった。フロントガラス越しに、そうしたゲットーの徴《しるし》が見えた――美容院、教会、酒屋、朽ちかけた家がどれもたくさんあった――そして僕は昔感じた恐怖を感じた。フロントガラス越しに、雨が滝のように降っているのが見えた。

解説

新たなフランツ・ファノン

都甲幸治

タナハシ・コーツとは誰か。詩人でありブロガーでもある彼はなにより、『アトランティック』誌や『ニューヨーク・タイムズ』紙に寄稿するジャーナリストとして知られている。その集大成である本書『世界と僕のあいだに』により彼は全米の注目を集める存在となった。二〇一五年の全米図書賞ジャーナリズム部門を受賞したうえ、天才助成金とも呼ばれるマッカーサー賞を与えられたのだ。この賞は五年間で五〇万ドルという巨額さで知られるだけではない。とにかく受賞者が豪華なのだ。『重力の虹』などのポストモダン文学で知られるトマス・ピンチョン、高名な批評家スーザン・ソンタグから、今をときめく書き手であるリディア・デイヴィスやジュノ・ディアスなど、現代アメリカ文化を代表する人々が並ぶ。このことからも、コーツの評価がいかに高いかがよくわかる。

コーツが生まれたのは一九七五年、メリーランド州のボルチモアだ。タナハシという名前は、エジプトのアスワンからスーダンのハルツームまで拡がっていたヌビアという国のエジプト語呼称である。この変わった名前をつけた父親ポール・コーツはベトナム退役兵にして、一九六六年に創設され黒人の武装闘争を唱えていたブラックパンサーの元支部長であり、黒人教育のメッカであり続けているハワード大学の司書を務めていた。その傍ら、ブラック・クラシックス・プレスという独立系の出版社を一九七八年から営み、黒人の手で書かれた優れた古典の復刊に力を注ぎ続けている。思想家W・E・B・デュボイスからミステリー作家ウォルター・モズリイまで、その出版リストは幅広い。父親が出版した本の数々はタナハシに大いに影響を与えた。

もう一人、書き手としてのコーツを形作ったのは母親のシェリルだ。安価な固形覚醒剤であるクラックが出回り、暴力的なギャングが幅をきかす荒廃した環境のなか、教師をしていた母親は息子にエッセイを書くことを勧めてくれた。そしてタナハシは、言葉によって自分自身や周囲と向き合う力を得たのだ。父親の勤務するハワード大学に進学した彼は、多様な黒人たちの世界を目の当たりにする。やがて大学を中退した彼はジャーナリストとして活動を始めた。『ヴィレッジ・ヴォイス』誌や『タイム』誌で経験を積んだ彼は現在、『ワシントン・ポスト』からオプラ・ウィンフリーの雑誌『O』まで、幅広く登場している。二〇〇八年には自伝的作品『美しき闘争』を出版した。本書『世界と僕のあいだに』執筆後、二〇一六年には『ブラックパンサー』というグラフィック・ノベルをだし、これは四月に最も売れたコミックとなった。

本書は二〇一五年に出版されると大きな注目を集めた。それには三つの理由があると思う。息子への手紙という形をとりながら、正直で哀切な文章で書かれていることで読者の感情を揺さぶったこと。そして黒人たちが警察に不当に尋問され、時に射殺されるという現状を鋭くえぐったこと。最後に、「白人」「黒人」といった人種概念がアメリカの歴史を通していかに構築され、そのことによって人々がどんな袋小路に追い詰められたかを、様々な知識を踏まえて探求したことだ。

ハワード大学の卒業生でもあるノーベル賞作家トニ・モリソンは、本書を読んでこう語っている。「ジェームズ・ボールドウィンの死後、彼が残した知的空白を誰が埋めてくれるのか悩んできた。タナハシ・コーツこそその人物だ」。これは最高の賛辞だろう。そして僕は思う。むしろコーツは新たなフランツ・ファノンなのではないか。一九二五年、カリブ海のマルティニーク島に生まれ、数々の著作を出版しながらアルジェリアの植民地解放闘争に身を投じ、一九六一年、四〇年に満たない人生を終えたファノンは『黒い皮膚・白い仮面』で語っている。島では自分を黒人だという意識も持たなかった自分がフランスに渡ったとたん、黒人として見られ、野蛮人扱いされるようになった。その混乱を彼は、精神分析で鍛えた理論に私的な感情を加えて語る。その作品は自伝的エッセイであり、植民地人の精神を論じた理論的著作であり、歴史的探求でもある。そしてコーツの時に詩的になる文章もまた、読む者の心に直接訴えかける。論理と感情の融合こそがこの本の力だ。

本書の核となっているのがハワード大学時代の学友、プリンス・カルメン・ジョーンズが二〇〇〇年、プリンス・ジョージ郡の警官に誤って射殺されたという事件だ。成功した医者の息子として何不自由なく育った模範的青年であるプリンスが、なぜ麻薬中毒者の格好をした覆面捜査官に殺されなければならなかったのか。そして何ら罪を犯していない彼を撃った警官が、どうして法的にとがめられないのか。一五年前のこの事件は、いまだ過去のものにはなっていない。なぜなら、警察による黒人を対象とした不当な尋問や暴力は途絶えることがないからだ。その頂点となるのが相次ぐ射殺事件でである。

たとえば二〇一四年、ミズーリ州ファーガソンではマイケル・ブラウンが警官に撃たれ、クリーヴランドで一二歳の黒人少年タミール・ライスがおもちゃの銃で遊んでいて警官に射殺された。本書の出版後も、二〇一六年七月五日、CDを売っていたオールトン・スターリングが、そして六日にはフィランド・カスティールが射殺された。翌七日、ダラスでの非暴力的な抗議活動のあと、アフガニスタン戦争の退役兵であるマイカ・ゼーヴィアー・ジョンソンが仕返しとして白人警官を五人射殺する。彼はロボットに運ばれた爆弾によって警察に殺された。まさに現代のアメリカは密かな内戦状態なのだ。

しかしメディアの関心が集まるなか、こうした問題に正面から取り組んでいる組織はあまり存在しない。全国黒人向上協会（NAACP）も、アファーマティヴ・アクション（積極的差別是正政策）擁護など、黒人中産階級の利益保護に力を入れているものの、警察の不当逮捕や暴力といった、黒人貧困層が日々直面している問題には対処できていない。だからこそ、きちんと法律に従い税金を納めている黒人が、どうして他の人々と同様の扱いを受けることができないのか、というコーツの問いかけは非常に強い力を持つのだ。

八〇年代以降、あらゆる階層に不法薬物が蔓延し、政府は麻薬との戦争を宣言した。黒人居住区でも事態は深刻で、麻薬取引に手を染めた未成年を含むギャングたちは抗争に明け暮れ、拡大する一方の刑務所は麻薬中毒患者で満ちている。今や世界の囚人の四分の一はアメリカの刑務所にいる、という数字を見ても事態の深刻さはわかるだろう。中毒者には医療の介入が必要なのに、いたずらに厳罰化のみを求める世論は金のかかる治療になど見向きもしない。ひたすら警察の恣意的な尋問や検査の権限が拡大され、ついには無実の者を警察が殺してもめったに罪に問われることのない状況が出来上がってしまった。

ここで導入されたのがレイシャル・プロファイリングである。若い黒人男性が集中的に警察に調べられ、一度捕まると、差別的な裁判制度のおかげで、白人よりも重い罪を課されるのだ。しかも、八〇年代以降、囚人労働が復活していることも大きい。私的な企業が健康保険や失業保険を支払う必要のない囚人たちを安価な労働力として使うのだ。監獄が民営化され、囚人の減少が企業収入の減少に直結するという構造も形作られ、大量の囚人の存在を前提とした社会システムが強固なものとなった。すなわち現代のアメリカは、黒人たちをターゲットとした、新たな収容所群島に支えられているのだ。

警察が法の下の平等を保障しない、人種差別的な暴力機関であると考えられるようになるとどうなるか。市民との信頼関係は崩壊し、もう一つのギャングとしてしか扱われなくなる。ひたすら溜まっていく黒人たちの怒りは、時に爆発する。古くは一九六五年、ロサンゼルスのワッツ地区で始まった暴動も、不当な逮捕に抗議する黒人たちの投石から広がった。一九九二年のロサンゼルス暴動は、スピード違反をしたロドニー・キングに激しい暴行を加えた警官が無罪評決を得たのがきっかけだった。白人たちの不安を背景に警察の権限は拡大し、暴力は加速していく。黒人たちの反撃は、白人の不安を増大させる。こんな悪循環を断ち切るにはどうしたらいいのか。

アメリカは世界でも傑出した民主主義国家だという認識を捨て、「白人」や「黒人」という概念が構築されることを通じて暴力が肯定されてきたという現実を正面から見据えなければならない、というのが本書におけるコーツの提言である。白人たちの自己正当化の欲求に答えてきたのが、コーツが「ドリーム」と呼ぶ幻想だった。それを支えているのは、自分のしていることが良いことであり、自然の法則に則っているという感覚である。コーツはこれらを攻撃する。黒人を暴力的に支配することは良いことではないし、自然の法則にも則っていないのではないか。

もし黒人たちが白人と異なる、本質的に劣った存在であるならば、暴力的な支配も仕方がないかもしれない。しかし現実は違う。たとえ奴隷制下の女性も、どんな人とも同じ完全な人間だ。「「奴隷制」は漠然とした肉の塊ではない。それは具体性を持った、奴隷にされた女性のことだ。彼女の頭脳はお前自身の頭脳と同じように活発に働くし、感情はお前の感情と同じように豊かだ」（八四頁）。ならば黒人たちを家畜のように扱う政策に正しさはない。

さらにコーツはたたみかける。「白人」「黒人」という人種概念と上下の秩序は、自然の法則になど則ってはいない。どういうことか。アメリカの人種概念に疎い人々は、現に黒人は存在するじゃないか、と思うかもしれない。だが、もともと「黒人」だった者など存在しない。アフリカ大陸の中だけですら遺伝子は多様だ。しかもアメリカに渡った一千万を越える人々は奴隷主によるレイプなどを通じて、様々な人々と混ざり合ってきた。アフリカ系の血が一滴でも入れば黒人、というヴァージニアの奴隷主たちがかつて定めたルールのおかげで、現在黒人だとされている人々には、白人たちを含めたありとあらゆる血が流れている。

それでは白人はどうか。これも同じことだ。ヨーロッパにいたときはイタリア人、ユダヤ人、カトリックなど多様なアイデンティティを持った人々がアメリカに渡ることで、「白人」として自らを作り替えた。その定義は「黒人ではない人々」だ。だからたとえばカリフォルニアでは、アジア系の人々も白人集団に参加しつつある。自分を「黒人ではない人々」として定義するためには、下の人間として黒人を徹底的に差別する必要があるだろう。かつてアメリカ南部で頻発した黒人のリンチも、やっつけている我々は白人だと確認するための儀式だった。その上で、白人内の平等を実現してきたのがアメリカ民主主義の本質なのだ。

もうわかるだろう。遺伝子的には多様な「白人」と「黒人」は米国社会で、なんら本質を持たないまま、互いに「黒人ではない人々」「白人ではない人々」として定義し合ってきた。それは関係概念でしかないのである。ちょうどサルトルがユダヤ人を「他の人からユダヤ人と呼ばれている人々」と定義したのと同じことだ。だからエドワード・P・ジョーンズが『地図になかった世界』で描いたように、黒人奴隷を所有している黒人の奴隷主なんて存在すら生まれ得たのだ。あるいはプリンスを射殺した警官も、それを許した政治家も黒人だった。こうした空虚な概念をもとに差別が固定化され、黒人の劣等性が疑似科学によって「証明」され、優れた人種が劣った人種を支配するのは当然だ、という優生学的な思想によって運営されてきたのが米国の現実である。G・M・フレドリクソン『人種主義の歴史』によれば、アメリカで生まれたこうした思想がナチスや南アフリカのアパルトヘイト体制を支えてきたという。

コーツは言う。「たぶん「黒人」というレッテルは、底辺にいて、主体性《オブジェクト》を奪われた存在にされた人間、主体性を奪われるだけでなく不可触民《パーリア》とまでされてしまった人間に貼られたものだったんだ」（六七頁）。ならば彼の書物は、主体性を取り戻すための闘いの場所となる。ありのままの自分でいることこそ素晴らしい。美しさや知性の基準を白人だと自称しているものたちに奪われるわけにはいかない。かつてトニ・モリソンが『青い目がほしい』で追求し、チママンダ・ンゴズィ・アディーチェが『アメリカーナ』で、自分の縮れた髪を嫌う黒人女性たちを通して描写したのと同じ主題が、コーツによって別の角度から深められる。

自分自身でいる権利を徹底して守ること、というコーツのメッセージは、アメリカを中心としたグローバリゼーションが進む現代において、様々な苦しみを抱えて生きる我々にも訴えかける力を持つのではないか。少なくとも僕は、コーツの真摯な言葉から大きな力を得た。次は我々が語り始める番だろう。そのためには、歴史を直視しながら、他者への想像力を鍛え続けることが大切だ。本書は僕にそのことを教えてくれた。

（早稲田大学文学学術院教授）

参考文献

チママンダ・ンゴズィ・アディーチェ『アメリカーナ』くぼたのぞみ訳、河出書房新社、二〇一六年。

上杉忍『アメリカ黒人の歴史』中公新書、二〇一三年。

ジャン＝ポール・サルトル『ユダヤ人』安堂信也訳、岩波新書、一九五八年。

エドワード・P・ジョーンズ『地図になかった世界』小澤英実訳、白水社、二〇一一年。

フランツ・ファノン『黒い皮膚・白い仮面』海老沢武訳、みすず書房、一九九八年。

G・M・フレドリクソン『人種主義の歴史』李孝徳訳、みすず書房、二〇〇九年。

トニ・モリスン『青い眼がほしい』大社淑子訳、早川epi文庫、二〇〇一年。

トニ・モリスン『ホーム』大社淑子訳、早川書房、二〇一四年。

訳者あとがき

九月三〇日の暮れ紛れ、僕は講義の後に編集者のK君とお茶を飲んでいた。僕がぽつりとつぶやく。「今日はタナハシ・コーツの誕生日らしいよ。しかしあれだけの作品の著者が四一歳とは若いねえ」。翌《あく》る一〇月一日に翻訳用のパソコンを立ち上げ、僕は *Between the World and Me* の翻訳に取りかかった。きっかり一年前に、ティモシー・スナイダーの『ブラックアース　ホロコーストの歴史と警告』の翻訳に取りかかったときのように。

昨二〇一五年七月に刊行された原著についてK君に話したのは刊行の二ヶ月後くらいだったと思う。オバマが避暑先に持っていった本に含まれていたよとか、薄い本だけどアメリカでは売り上げやレビューの数から社会現象になっているそうだよ、それにトニ・モリソンが「ジェームズ・ボールドウィンの再来」と激賞しているよ、といった類の雑談だったが。

原著はなかなかに難しい本だと思う。パデュー大学で教えている旧友Y・Mは、刊行後すぐに手に入れ、「良かったよ。NYやパリの描写は楽しいしね。そのうちハワード大学のヤードに出かけてみますか。もっとも、わけがわからなかったところも多いがなあ」と言ってきた。「三九歳の父から一四歳の息子へ」という叙述のスタイルに騙されてはいけない。「詩人」であり、かつ原著執筆において「ヒップホップ」に最もエスセティックな影響を受けたと自認するコーツの記す文章は、僕がある種の好奇心もあって読んで面白く感じたクリストファー・コールドウェルの長文の書評（*The Weekly Standard* の八月一七日号「批評家はタナハシ・コーツのラディカリズムになぜ敬意を払うのか？」）にずばり指摘されているように、「分かりづらい」のだ。

読者はしじゅうミスタイプではないかと見えるセンテンスに遭遇する。たとえば「ポンペイの町がいっとき休んでいる間にパリの街が建設されたとでもいうように、パリの街の美しさの下でごろごろ鳴る音を僕らみんなが感じとったことを思い出してくれ」。コーツの散文を称揚する批評家たちでさえ、コーツが何について語っているのかについてまるで分からない（they haven't the foggiest idea）ことがあると認めている。*New York Times* のミチコ・カクタニは、コーツの「叙情的で生々しい散文」は賞賛しながらも、彼の「ドリーム」（"the Dream"）というライトモティーフ（leitmotif）を「いささか紛らわしい」と見なしている。［同紙のコラムニストの］デヴィッド・ブルックスもコーツの白人であること（whiteness）の定義を「紛らわしい」としているし、コーツの九・一一にあたっての思考について「君は明らかに現在はその言葉通りに意味してはいまい（ときとして君の言い回しは、誤解されてやろうと心に決めているように思える）」と述べている。この書の雄弁さは明らかに「分かりづらい」（"hard to understand"）という意味合いである（傍点訳者。「ポンペイの町が……」は、本書では一四七頁。「九・一一にあたっての思考」は本書一〇〇頁から一〇二頁)。

泣く子も黙るミチコ・カクタニの、原著を「アメリカで黒人であること」の意味についての身を焦がすような熟考としつつ「お前と僕」という言い方は変化を無視していると苦言を呈する書評も、「アメリカンドリーム」の存在を肯定する立場のブルックスの「コーツへの書簡形式のオプエド」もすぐに読んでみたのはむろんである。テーマからして原著はcontroversialなものとならなければ嘘であろう。

日本のメディアも、アメリカで警官による黒人への暴行や射殺が相次いでいることを頻繁に報じているし(スマートフォンなど記録媒体の発達や、銃社会アメリカ、「法と秩序」のお題目、あるいは"Black Lives Matter"などについてはここでは触れる余裕がない。コーツの育ったボルチモアでも、原著の刊行の三か月前に警察への抗議からいわゆる「人種暴動」が発生し、非常事態宣言のもと州兵が出動する事態になった)、法を執行する現場でも、裁判の段階でも、人種主義《レイシズム》が色濃く残っていることがその度に印象づけられる。プリンス・ジョーンズを殺した警官のようにその加害者が黒人のこともあるし、都市の非常事態に際して行政や警察の幹部として、あるいは裁判官や検察官として黒人が姿を見せることが近年はまるで珍しくないとしても、ことの本質としては変わらない。また、コーツは宗教を峻拒する両親によって育てられた。よってプリンス・ジョーンズの殺害者をはじめとする加害者への「許し」はコーツにはありえない。

そうこうするうちに、アメリカという国の相続財産《ヘリテージ》としての「黒人の肉体の破壊」や広く「略奪」という人種主義の本質をするどく抉っているし――「人種は人種主義の子どもであって、その父親ではないんだ」――家族の絆とその喪失や、黒人にとっての「精神と肉体の不可分性」を、歴史と己の経験を踏まえて感動的に描いてはいるが、ことさら「クルセダー的な」色彩は持っていない原著がアメリカで快進撃を続けることとなった（コーツは *Atlantic* 定期寄稿のジャーナリストとしては、いくつもの賞を受けている。とりわけ二〇一四年七月の "The Case for Reparations" は重要なカヴァーストーリーだったし、「補償」についての記事は続けて発表している。戦後ドイツのユダヤ人への補償、また訳者の専門分野の日系米人強制収容への補償も一連の記事の中で取り上げられている）。まず、二〇一五年一一月に全米図書賞（ノンフィクション部門）を受賞し、コーツ自身もマッカーサー基金からジーニアス・グラントを与えられている。今年に入ってからも原著は全米批評家協会賞（批評部門）およびピューリッツァー賞（ゼネラルノンフィクション部門）のファイナリストになっているし、コーツは「タイム」誌の選ぶ The 100 Most Influential People にも選ばれている。勲章はたくさん受けたが、通過点に過ぎない。K君は、本書とコーツのもう一冊の著作 *The Beautiful Struggle*（二〇〇八年。コーツの著作は詩集を除けば現在この二冊のみである）の翻訳権を、今年の前半に押さえていた。後者も、訳書が近く刊行される予定である。

アメリカの次期大統領がトランプ候補に決定した日に、コーツが今後どう発信してゆくかに思いを馳せつつこのあとがきを記した。

二〇一六年一一月九日

池田年穂

［補記］

1　本書のエピグラフは、一九三五年に『パルチザン・レビュー』誌に発表されたリチャード・ライトの詩 Between the World and Me の最初の節である。本書の題名もそこからとられた。つまずいたそれとは、リンチで焼かれた黒人男性の白骨である。本書一二二頁の「そうなれば、人骨でないものの上に郊外を造り」にも反映されていよう（「郊外」と「ドリーム」はしじゅう同義に用いられている）。なお、献辞のケニヤッタはコーツ夫人、デヴィッドは二〇一五年に急逝したコーツの導き手の一人のデヴィッド・カー（David Carr）のことと思われる。

2　原著には註は出典を示す一ヶ所のみである（本書一二二頁）。グリンプの書（Thavolia Glymph, *Out of the House of bondage: The Transformation of the Plantation Household*, 2008）を参照すると、「底辺《ビロウ》に何もなければ山は山たりえない」以外にも、この段落には引用が含まれている。なお「訳註」を付すことも考えエクセルファイルでいくらかサンプルを作成もしたが、編集部との話し合いで最終的に本書には不要という判断に落ち着いた。本文そのものに、理解のための補いがところどころ紛れ込ませてあることはご諒承願いたい。

3 原著には、キャプションなしでモノクロ写真が七葉収められているが、これもすべてを原著のまま収めることとした。三葉目の写真で若きコーツが手にしている書物を目を凝らして見ると、バジル・デヴィッドソン（本書四五頁）の *The African Genius* である。なお、コーツは *Atlantic* ウェブ版の二〇一五年七月四日付（！）に、原著からの抜粋を載せているが、重複する写真は一葉もない。

4 本書八三頁に、「ダーリック・ベルがかつて執筆した本の題名に使ったように、僕たちは「井戸の底の顔」なんだよ」とあるが、原題は *Faces at the Bottom of the Well: The Permanence of Racism*（一九九二年）、邦訳の題は『人種主義の深い淵——黒いアメリカ、白いアメリカ』である。本書一六五頁の『一二年間奴隷として』（*12 Years a Slave*）は、二〇一三年に映画化され（邦題は『それでも夜は明ける』）、アカデミー賞、ゴールデン・グローブ賞の作品賞を受賞した。本書一一八頁から一一九頁のフォークナーの小説の原題は *Intruder in the Dust*（一九四八年、邦訳の題は『墓地への侵入者』）、アメリカ文学の古典である。

5 「本書の奇妙な要素は語彙にある」と評する前記コールドウェルは面白い数字を挙げている。原著では African-American は二ヶ所にしか出て来ないが、Black は二〇八回登場するというのだ。どちらの語もそのままに訳した。Niga, Nigger などの蔑称も、間投詞も含めて原著の使用例に従ってみた（黒人同士では親愛をこめた挨拶としても使われる）。一ヶ所だけだが Negro についても同様である（Negro spirituals として出てくる）。なお、これも一ヶ所だけだが（ＰＣを意識してか）原著で Roma となっている語は、迷いはしたがジプシーとせずそのままロマとした。また、原著中に Affirmative Action への言及はいっさいないが、これはコーツの「補償」についての記事を追ってゆけば得心できよう。

「黒人の大統領がいて」という表現はあるが「ソーシャルネットワークがあって、メディアがどこにでもあって、そこらじゅうの黒人女性がナチュラルな髪で通す世界」と続く文脈にあり（本書二六頁）、オバマの名前は見受けられない。ちなみに、オバマは二〇一六年五月のハワード大学の卒業式スピーチでタナハシ・コーツの活躍に言及している。

6

訳者はこの四、五年はボリュームのある「歴史もの」の翻訳が続いている。また、公民権運動の跡を辿りつつアメリカ南部を親友の濱本幸宏と三週間かけて回ったのも三〇年近くも前のことだ。素訳の開始から一ヶ月経って一応の訳は終えたが、今は少しでもリーダブルな訳文にすべく修正を施している段階である。アメリカ社会を白人＝黒人の二項対立でとらえきっていることに、奇妙なノスタルジアを感じながら進めている。旧友の杉浦悦子さん（現代英米文学。『マルタン・ゲールの妻』などの名訳者）からは貴重な示唆と教示を賜った。「アフリカ系アメリカ文学」で学位を取得した、まさに専門家の奥田暁代さんからは種々の情報を頂いた。奥田さんは *The Beautiful Struggle* を訳している最中である。他に、池田美紀さん（偶々同姓）、高崎拓哉さん、池田詩穂にも感謝したい。

7

プリンス・ジョーンズ裁判の「後日談」はいくらも見出せるが、“Officer Liable in Student’s Killing” by Ruben Castaneda, Washington Post Staff Writer, Friday, January 20, 2006 あたりはウェブで読めるし、簡潔でわかりやすいと思っている。ウェブと言えば、慶應義塾大学出版会のウェブサイトに本書の特設ページが設けられて、その中に訳者の寄稿や原著への反響の紹介などが含まれるはずである。

［著者］
タナハシ・コーツ　Ta-Nehisi Coates
1975年、元ブラックパンサー党員のポール・コーツを父としてボルチモアに生まれる。「黒人大学」の名門ハワード大学を中退。*Atlantic* 誌定期寄稿者として記した、アメリカ黒人への補償を求める2014年のカヴァーストーリー“The Case for Reparations”でジャーナリストとしていくつもの賞を受ける。著作に、本書『世界と僕のあいだに』（全米図書賞受賞、全米批評家協会賞・ピューリッツァー賞ファイナリスト、訳書2017年）、『美しき闘争』（訳書2017年）、『僕の大統領は黒人だった』（訳書2020年）がある（いずれも慶應義塾大学出版会）。多彩な活動には、マーベル・コミックスの原案や、映画の脚本も含まれる。小説としては、*The Water Dancer*（2019）がある。しばしば「ジェームズ・ボールドウィンの再来」と称されるが、アフリカン・アメリカンの代表的知識人の一人として声望を集めている。

［訳者］
池田年穂（いけだ　としほ）
1950年横浜市生まれ。慶應義塾大学名誉教授。歴史家。タナハシ・コーツの紹介者として本書『世界と僕のあいだに』と『僕の大統領は黒人だった』（2017年、2020年）、ティモシー・スナイダーの紹介者として『赤い大公』『ブラックアース』『暴政』『自由なき世界』『アメリカの病』（2014年、2016年、2017年、2020年、2021年）がある。人種問題を扱った訳書は、ジェームズ・ウォルヴィン『奴隷制を生きた男たち』（2009年）、アダム・シュレイガー『日系人を救った政治家　ラルフ・カー』（2013年）、パメラ・ロトナー・サカモト『黒い雨に撃たれて』（2020年）など多数ある。

世界と僕のあいだに

2017 年 2 月 15 日　初版第 1 刷発行
2021 年 9 月 30 日　初版第 4 刷発行

著　者――――タナハシ・コーツ
訳　者――――池田年穂
発行者――――依田俊之
発行所――――慶應義塾大学出版会株式会社
〒108-8346　東京都港区三田 2-19-30
TEL〔編集部〕03-3451-0931
〔営業部〕03-3451-3584〈ご注文〉
〔　〃　〕03-3451-6926
FAX〔営業部〕03-3451-3122
振替 00190-8-155497
http://www.keio-up.co.jp/
装　丁――――耳塚有里
組　版――――株式会社キャップス
印刷・製本――中央精版印刷株式会社
カバー印刷――株式会社太平印刷社

Printed in Japan　ISBN 978-4-7664-2391-4